Inhalt

1. Patchwork

Patchwork ist ein trügerisches Wort. Es klingt so unbekümmert, dass wir an die Sommerferienlager unserer Kindheit denken, an Leichtigkeit, Aufbruch, Spaß. Wir stellen uns fröhliche Prominente in Hollywood oder im Schloss Bellevue vor, deren Leben nicht von Problemen verdüstert ist. Sie alle rufen uns lachend zu: Patchwork ist super.

Patchwork ist modern, lässig, cool und unkonventionell. Das sind die häufigsten Attribute, mit denen seriöse Zeitungen und Boulevardblätter die Patchworkfamilie beschreiben. Man blättert durch Bilderstrecken voller entspannter Menschen, die so erholt aussehen, als wären sie eben erst von einer wochenlangen Urlaubsreise heimgekehrt. Im Vorabendfernsehen setzt sich die heile Patchworkwelt fort.

Patchworker sind nie Verlierer, sie sind stets Gewinner.

Das war nicht immer so, obwohl es die Patchworkkonstellation schon immer gibt. Sie hieß nur anders, Zweitfamilie zum Beispiel oder Nachscheidungsfamilie. Helmut Schelsky sprach einst, natürlich in einem anderen Zusammenhang, von »unvollständigen Familien«. Heute würde diese Äußerung Protestgeschrei und den Vorwurf der Diskriminierung Alleinerziehender nach sich ziehen. Keine dieser Bezeichnungen kaschiert, dass es eine Erst-

familie gibt. Offenbar lässt sich unter dem Patchworkbe-
griff das alte Leben leichter abschütteln.

Bis sich ein neues Wort in unseren Wortschatz geschli-
chen hat, dauert es eine Weile, und die Medien spielen
dabei eine wichtige Rolle. Irgendwann verwenden wir ein
Wort ganz selbstverständlich, als wäre es von jeher da. Bei
manchen Wörtern vergessen wir sogar, was sie bedeute-
ten, manchmal wussten wir es nie oder wollten es lieber
nicht wissen. Das ist das Trügerische am Wort Patchwork,
seine ursprüngliche Bedeutung liegt so tief unter bunten
Medienbildern begraben, dass wir gar nicht auf die Idee
kommen, es kritisch zu hinterfragen.

Patchwork kommt aus dem Angelsächsischen und bedeutet Flickwerk. Damit ist eine Technik gemeint, bei der
Stoff- oder Lederfetzen von unterschiedlicher Farbe, Form
und Musterung neu zusammengeflickt werden. Sucht
man in einem Textverarbeitungsprogramm nach Synony-
men, werden einem Makel, Ausschuss, Gehudel, Stümpe-
rei, Mangel, Murks, Fehler, Sudelei, Missgriff, Schnitzer,
Unbrauchbarkeit, Schrott vorgeschlagen.

Patchwork steht aber nicht nur für ein Familienmodell.
Das Flickwerk beschreibt vielmehr einen gesellschaftlichen Zustand, vor dem wir die Augen verschließen. Der
Begriff bringt die Philosophie unserer Unverbindlichkeits-
welt auf den Punkt, in der wir das Leben auf der Suche
nach Glück und Erfüllung auch mal fortspülen lassen wie
ein schlecht verankertes Zelt vom Regenguss. In jedem
Augenblick scheint ein neuer Anfang möglich, vieles ist
um-, aus- und eintauschbar. Unsere Lebensabschnittspart-

ner, Häuser und Wohnungen im Internet, Katzen, die übermäßig haaren, im Tierheim. In der Schweiz konnte man sogar Adoptivkinder, die Schwierigkeiten machten, eine Zeitlang in die Ferne zurückschicken. Wir leben in einer kompensatorischen Welt, deren Ideologie der Ersetzbarkeit eine kulturelle Bedrohung darstellt. Wenn alles ersetzbar ist, ist alles wertlos.

»Wir können das Leben nicht einfach wieder dort aufnehmen, wo wir es einmal fallengelassen haben«, schrieb die Schriftstellerin Marion Titze einmal in der Literaturzeitschrift *Sinn und Form*. Hinter diesem Satz verbirgt sich die einfache Wahrheit, dass unser Handeln immer Folgen hat. Die Folgen können harmlos sein oder katastrophal. Sicher ist nur, dass irgendjemand den Preis der Ich-Optimierung zahlen muss.

Allen voran die Familie. Die Patchworkmentalität trifft sie am härtesten, denn sie zielt auf ihr Fundament: die Verbindlichkeit familiärer Strukturen. Sie treibt deren Aufhebung kontinuierlich voran. Etwas Ganzes zerbricht in Teile, die zwar meistens rasch neu zusammengesetzt werden, aber so lose, dass die Verbindungen gefährlich leicht reißen.

Das Wort Patchworkfamilie taucht zum ersten Mal 1990 auf. Damals erschien ein Buch von Anne C. Bernstein unter dem Titel: *Die Patchworkfamilie. Wenn Väter oder Mütter in neuen Ehen weitere Kinder bekommen.* Der Originaltitel lautet: *Yours, Mine, and Ours. How Families Change When Remarried Parents Have a Child Together.* Vermutlich hat die Übersetzerin Margaret Minker den Begriff Patchworkfamilie erfunden. Das *Große Wörterbuch der Deutschen Sprache* nahm das Wort erst 1999 auf, der Rechtschreibduden 2000. Das Institut für Deutsche Sprache beobachtet seinen Gebrauch seit Mitte der neunziger Jahre. Im angelsächsischen Raum aber versteht kaum jemand dessen Bedeutung. Stieffamilien heißen dort *blended* oder *step-families*.

Die Medien feiern seit einigen Jahren das Patchworkmodell als Glücksversprechen, als eine neue Idee von Familie, die nichts Muffiges mehr umgibt, weil sie sich aus allen Zwängen befreit hat. Die Familie verliert an Wert, während die Patchworkfamilie an Popularität gewinnt.

Besonders gut verstehen sich das Fernsehen und Boulevardmedien wie *Bild, BamS, Bunte* und *Gala* auf die Patchworkkampagne. Das wird ihnen nicht schwergemacht, weil genügend prominente Vorbilder ihre Patchworkfamilien stolz vor die Kameras zerren: Boris und Lilly Becker, Til und Dana Schweiger, Madonna und Guy Ritchie. Bruce Willis und Demi Moore, die norwegische Prinzessin Mette-Marit und Prinz Haakon.

Sobald es in den Medien um traditionelle Familien und jahrelange Beziehungen geht, wird man das Gefühl nicht los, in eine beklemmende Welt zu blicken, die uns die Luft abschnürt und uns unserer Freiheit beraubt. Man hat sich auseinandergelebt, alles ist eng, nichts ist aufregend. Vor einem solch eintönigen Leben warnte schon Johann Nepomuk Nestroy: »Komm mir bloß nicht mit einem alten Ehepaar, da gähnt die Langeweile aus allen Knopflöchern.«

Es gibt natürlich Ausnahmen wie Loki und Helmut Schmidt. Egal, wo das Paar auftrat, es wirkte, als seien die beiden miteinander verwachsen. Es war unmöglich, sich den einen ohne den anderen vorzustellen. Am Ende dachte man allerdings eher an eine seltene Spezies als an ein reales Liebespaar. Eine weitere Ausnahme stammt aus der Gegenwelt: die Skiidole Rosi Mittermaier und Christian Neureuther.

Der mittlerweile als Bundespräsident gescheiterte und zurückgetretene Christian Wulff und seine zweite Frau Bettina wurden von den Medien anfangs als *die* moderne, perfekte Patchworkfamilie verklärt. Das Präsidentenpaar, hieß es im *Focus*, verkörpere die »junge Republik«. Es runde einen gesellschaftlichen Trend ab, der mit einer ostdeutschen Pfarrerstochter an der Regierungsspitze begann, einen schwulen Vizekanzler sowie die Karriere eines vietnamesischen Adoptivkinds zum Parteivorsitzenden und Wirtschaftsminister ermöglichte. Die Beispiele zeigen, wie tolerant wir geworden sind, und das ist zweifellos gut so. Nur passt das Patchworkmodell der Wulffs nicht nahtlos in diese Reihe, weil Patchwork nicht von vornherein die beste Lösung ist, sondern in der Regel eben nur die zweitbeste.

Die Scheidung, die Hochzeit, das gemeinsame Kind: Christian und Bettina Wulffs Patchworkfamilie haftete kein Makel an. Im Gegenteil, es wirkte, als sei die Patchworkkonstellation eine Leistung, für die man den Wulffs zurecht anerkennend auf die Schultern klopft. Ein Boulevardblatt schrieb damals: »Die als stur verschrienen Niedersachsen haben schon einmal – als Gerhard Schröder quasi über Nacht aus der Ehe mit Hiltrud Schröder gestolpert war, um zu Doris Schröder-Köpf zu wechseln – bewiesen, dass zwischen Harz und Bremerhaven eine viel coolere Lebensweisheit vorherrscht als vermutet.«

Die Scheidung von Hiltrud war Schröders dritte Scheidung. Sechzehn Jahre war er mit Hillu zusammen und Stiefvater von zwei Kindern, dann brach er von einem auf den anderen Tag die Brücken ab. »Besonders schlimm«, sagte die Stieftochter Franka Hampel in einem Interview, »war die Sache mit den Pferden. Sein letzter Satz war: ›Ich bezahle dafür nicht mehr, du kannst sie gern verkaufen.‹«

Das neue Familienleben mit Doris, zwei russischen Adoptivkindern, dem Familienhund Holly und dem Kater Schnurri (»quirliges Potpourri im hannoverschen Reihenhaus«) instrumentalisierte Schröder genauso klug, wie er es 2002 mit der Oderflut getan hatte, als er in Gummistiefeln und grüner Regenjacke durch das überschwemmte Land stapfte. Und er wurde gewählt. Er lächelte uns an und erzählte vom Familienglück.

Auch bei Gerhard Schröder sprach niemand vom Scheitern, weil die Rettung der Ehe mit Hiltrud misslang. Innerhalb seiner Partei musste Schröder keine Angriffe fürchten, da man bei den Sozialdemokraten bezüglich der Moral nicht übermäßig strenge Maßstäbe anlegt und auch mal ein Auge zudrückt. In der Presse las man Sätze wie: »Altkanzler mit junger Familie, das hatten wir noch nie!«

Vielleicht beging der konservative bayerische Ministerpräsident Horst Seehofer einen Fehler, als er seine Frau nicht für seine jüngere Geliebte, die ein Kind von ihm erwartete, verließ. Auch er hätte eine Patchworkfamilie gründen können. Horst Seehofer führte stattdessen drei Jahre lang ein Doppelleben und hielt die Berliner Geliebte und die Gattin im Süden Monate hin, bevor er sich für seine Ehe entschied. Parteifreunde und Medien kritisierten seine Wankelmütigkeit, seine Affäre und das uneheliche Kind störten sie nicht. *Die Tageszeitung* verteidigte den Politiker unter dem Titel »Patchworkpapa und die Fallensteller«. Es gebe schließlich einige Berlin-Pendler, die das Patchworkmodell praktizierten.

Am 25. Oktober 2008 wurde Horst Seehofer zum CSU-Parteichef gewählt. Die Selbstverständlichkeit, mit der das geschah, überraschte bei einer Partei, die auf Moral pocht und die Familie als einen ihrer wichtigsten Werte nennt. Es ist noch gar nicht so lange her, da verlor der damalige CSU-Chef Theo Waigel den Machtkampf um die Nachfolge des bayerischen Ministerpräsidenten Max Streibl gegen Edmund Stoiber. Waigels Ruf war zu beschädigt für den Ministerpräsidentenposten.

Einige böse Gerüchte über ein uneheliches Kind mit der Skirennläuferin Irene Epple, das sie auf Drängen Waigels abgetrieben haben soll, genügten, ihn moralisch zu diskreditieren. CSU-Abgeordnete versuchten damals Journalisten zu überreden, endlich über Waigels neue Freundin zu berichten. Manche verwahrten sich dagegen, was heute undenkbar wäre. Ein Bischof soll vor Waigel als Ministerpräsident gewarnt haben, da er nicht »gut katholisch« sei.

Zu diesem Zeitpunkt lebte Waigel schon seit Jahren von seiner Frau getrennt.

Die Medien druckten Überschriften wie: »Katastrophe für den Chef«, »Wie Waigels Privatleben zum Politikum wurde« und »Politik privat«. Nirgendwo tauchten die Wörter modern, lässig, unkonventionell oder cool auf. Niemand gratulierte ihm, sprach von einem Neuanfang, von offensichtlicher Verliebtheit, von großer Liebe. Auch das Wort Patchworkfamilie las man nicht, es hatte sich noch nicht durchgesetzt. Theo Waigels Geschichte spielte wohl einfach zur falschen Zeit. Oder zur richtigen. Je nachdem.

Kein Mensch wünscht sich jene Jahre zurück, in denen Politiker ihrer privaten Irrtümer wegen erpressbar waren, wie einst Willy Brandt, über dessen Affären Dossiers existierten. Niemand glaubt mehr, Politiker seien bessere Menschen, an deren Moral es sich zu orientieren lohnt. Trotzdem kommt es einem merkwürdig vor, wenn das Schloss Bellevue zeitweise mehr mit der Kulisse einer Vorabendserie zu tun hat als mit dem Amtssitz des Bundespräsidenten.

Zur Verklärung der Patchworkfamilie gehört auch die Neubewertung der Stiefmutterrolle. In einer Welt, in der sie alltäglich wird, darf sie nicht länger die Böse, sie muss die Gute sein, was nicht ganz einfach ist, denn der Stiefmutter eilt bekanntlich ein schlechter Ruf voraus. Das Wort »Stief« geht auf das althochdeutsche »stiof« zurück und heißt so viel wie hinterblieben, verwaist, beraubt. In den Märchen der Brüder Grimm tritt die Stiefmutter ähnlich grausam wie die Hexe auf, in »Brüderchen und Schwesterchen« mutiert sie sogar zu einer. Die Stiefmutter ist listig und intrigant, man unterstellt ihr üble Absichten: Sie wird ihre Stiefkinder quälen, vernachlässigen, verleumden, in Tiere verwandeln und im tiefsten Winter um Beeren schicken. Ihr eigen Fleisch und Blut wird sie stets bevorzugen. Sie ist die Anti-Mutter, ihr Wesen hat etwas Verschlingendes.

Im Märchen vom »Aschenputtel« zwingt die Stiefmutter die Stieftochter, Schmutzarbeit zu verrichten und in der Asche neben dem Herd zu schlafen. In »Hänsel und Gretel« setzt sie die Kinder im finsteren Wald aus. In »Schneewittchen und die sieben Zwerge« versucht die Stiefmutter dreimal, ihre Stieftochter zu töten, deren Schönheit sie nicht ertragen kann. Die Stiefmutter ist ein Eindringling, ein Fremdkörper, der die Familienharmonie stört. Bei den Kindern ruft sie reflexartig Widerstände hervor. Die verteidigen, was ihnen wertvoll ist.

Das sind hässliche Gedanken.

Die Medien haben also allen Grund, am Bedeutungswandel der Stiefmutter zu arbeiten, die jetzt als gute Freundin auftritt. Überhaupt verstehen sich die prominenten Patchworkfamilien prima, alle gehen rücksichtsvoll miteinander um, es gibt keinen Groll und keine Feindschaften.

Zum Beispiel bei den Schweigers: »An Weihnachten sind ALLE vereint. Meine Freundin Svenja und ich werden am 25. mit Dana und den Kindern feiern.«

Oder bei den Beckers: »Kurz zuvor hat Amadeus von Papa Boris (42) im Hotelpool seine erste Planschstunde bekommen. Am Nachmittag fuhren Lilly und Boris mit ihrem Baby zum Flughafen, trafen dort Barbara Becker (43) und Boris' große Junioren Noah (16) und Elias (11). Gemeinsam flogen die sechs nach New York, wo sie am Abend Elias' elften Geburtstag feierten. Perfektes Patchworkglück!«

In Hollywood: »Zusammen mit Rafferty (12), Iris (9) und Rudy (7), Judes Kindern aus seiner Ehe mit Sadie Frost (44), verbringt das Liebespaar (Jude Law und Sienna Miller) laut *The Sun* idyllische Ferien. Gemeinsam bauen sie Sandburgen und planschen in den Wellen. Die Patchwork-Akrobaten logieren in einer noblen Strandvilla.«

Dass wir die Patchworkgeschichten berühmter und weniger berühmter Personen gerne lesen, leuchtet ein. Sie erzählen von Menschen, die nach jahrelangen Irrungen und Wirrungen die erfüllte Liebe erleben, jenes glückliche Ende, auf das jeder von uns hofft. Schwerer wiegt vielleicht noch, dass sich das vermeintliche Patchworkidyll perfekt in unsere Verdrängungsstrategien einfügt. Es beruhigt das Gewissen und liefert Erklärungsmuster, mit denen sich die eigene, weniger sonnige Patchworkrealität schönreden lässt. Auch Politiker sind fehlbar. Unverbindlichkeit ist ein Merkmal der Gegenwart. Die klassische Familie ist tot. Das glaubt man gerne. Solange die Patchworkfamilie des Bundespräsidenten bejubelt wird, müssen wir an unserer eigenen nicht verzweifeln.

Die Idealisierung der Patchworkfamilien in den Zeitschriften und Zeitungen entfaltet unbemerkt ihre Wirkung und hinterlässt Spuren in unserem Bewusstsein.

Wirkungsmächtiger als die Printmedien ist jedoch das Fernsehen. Seine Bilder und Botschaften sind allgegenwärtig, eigentlich ist es unmöglich, sich ihnen zu entziehen. In den Serien und Soaps treten an die Stelle der realen Patchworker aus *Bild* und *Bunte* die fiktiven Patchworker, die genau dasselbe ausstrahlen wie Boris Becker oder Dana Schweiger: Leichtigkeit.

Die Fernsehpatchworkfamilie ist kein neues Phänomen, es gab sie bereits in den achtziger Jahren, zu einer Zeit also, als das Patchworkmodell in unserer Gesellschaft noch nicht so weit verbreitet war wie heute. Die Serie hieß: *Ich heirate eine Familie*. Sie war tatsächlich sehr gut und mit prominenten Schauspielern besetzt, weshalb sie eine der erfolgreichsten Serien wurde, die je gedreht worden ist. Sie erzählt vom Alltag der Familie Schumann. Angi (Thekla Carola Wied), eine hübsche, lebensfrohe Frau, ist geschieden, sie hat drei Kinder, Tanja, Markus und Tom, und eine Kinderboutique. Eines Tages verliebt sie sich in den Werbegrafiker Werner Schumann (Peter Weck), und er verliebt sich in sie. Er baut sein großes Haus aus, heiratet Angi, die mit ihren Kindern zu ihm zieht, woran sich der jahrelange Junggeselle gewöhnen muss. Angis Kinder gewöhnen sich schnell an den Stiefvater. »Tanja steht auf ihn«, sagt Angi bald zu ihrer besten Freundin, und »Tom liebt ihn«. Nur Markus will ihm noch keinen Gutenachtkuss geben.

Manchmal sind die Kinder allerdings zu laut, und Werner kann sich kaum auf seine Arbeit konzentrieren, weshalb ihm einmal nicht sofort etwas zu einer neuen Diätschokolade einfällt. Tanja findet ihren Bikini langweilig, er besteht aus zu viel Stoff, ein Tanga wäre ihr lieber, den Eltern nicht. Während eines Weihnachtsurlaubs auf den Kanaren sind die Hotelpoolliegen meistens schon vor Sonnenaufgang besetzt, aber die Schumanns stehen erst nach Sonnenaufgang auf. Irgendwann stirbt Toms Meerschweinchen Bommel.

Ich heirate eine Familie ist eine raffinierte Serie. Sie täuscht gekonnt darüber hinweg, dass das Schumannsche Patchworkidyll auf Verlusten gründet und dass jedem Patchworkglück ein Familienunglück vorausgeht. Nur ganz wenige Szenen deuten an, dass unter der heiteren Oberfläche nicht nur ein paar unwesentliche Konflikte gelöst werden. Einmal sagt Angi über einen jungen Bekannten, er hätte bei der Scheidung seiner Eltern einen Schock erlitten. »Wie überall.« Werner antwortet ihr: »Unsere Kinder haben den Schock schon überwunden.« Damit ist alles gesagt.

Der entscheidende Punkt ist aber ein anderer: Die Serie drängt über weite Strecken die Patchworkkonstellation erfolgreich in den Hintergrund. Sie ist zwar faktisch da, doch nur am Rande wahrnehmbar, wie unaufdringliche Filmmusik, ein Rauschen aus der Ferne. Die Schumanns sind kein bunter Haufen, bei dem der Zuschauer rasch vergisst, wer eigentlich zu wem gehört, wer mit wem verwandt ist. Werner hat keine Kinder, keine Exfrau, keine Exgeliebte, keine Vergangenheit. Sein Junggesellendasein gibt er für Angi auf, als hätte er ein Leben lang auf sie gewartet.

Werner ist genauso nett, wie er aussieht. Die Momente, in denen er seine Haltung verliert und laut wird, haben etwas Harmloses, nichts Bedrückendes. Angi ist ebenfalls so nett, wie sie aussieht. Sie lächelt Werner andauernd an, sogar wenn sie streiten. Wäre nicht ab und an von ihrem Exmann, dem leiblichen Vater der Kinder, die Rede, man könnte glauben, Angi sei Witwe.

Das ist der Unterschied zu heutigen Serien, die das Patchworkmodell mit Hilfe einer möglichst chaotischen Inszenierung ausstellen und ins Komische verdrehen.

Einige Jahre, bevor *Ich heirate eine Familie* im Fernsehen lief, zeigten deutsche Kinos den vielleicht berühmtesten Scheidungsfall der Filmgeschichte. Dieser Erfolg wäre heute nicht mehr denkbar, denn es geht um die Geschichte vor dem Patchworkdasein: um ein Familiendrama. Eine Frau verlässt Mann und Kind, sie will sich verwirklichen, aus der Mutterrolle ausbrechen. Eines Tages kehrt sie zurück, zu ihrem Sohn, nicht zu ihrem Mann. Sie will beides: Kind und Karriere. Der Oscar-gekrönte Film *Kramer gegen Kramer* mit Meryl Streep und Dustin Hoffman in den Hauptrollen spielte Ende der Siebziger, und sein Unglück schien unendlich weit weg vom eigenen Alltag. Man kannte höchstens jemanden, der jemanden kannte, dessen Familie zerbrochen war, was nicht gleich heißen musste, dass sich die Liebe in Hass gewandelt hatte und die Eltern erbittert um das Sorgerecht für das Kind kämpften. Was wir sahen, hatte nichts mit uns zu tun. Das war ein entscheidender Grund für den Erfolg des Films.

Seit es das Fernsehen gibt, gibt es auch Familienserien.

Sie nahmen natürlich nie in Anspruch, die Realität abzubilden, die Drehbücher bewegten sich mal dichter, mal weniger dicht an ihr entlang, aber es fällt auf, dass seit Ende der sechziger Jahre beinahe ausschließlich die traditionelle Familie von Tragödien heimgesucht wird. *Die Unverbesserlichen*, die Mitte der sechziger und Anfang der siebziger Jahre liefen, waren so eine Familie. Jeder brüllte jeden an, jeder hatte Geldsorgen, jeder Geheimnisse. Feinde standen hier einander gegenüber, nicht Verbündete beieinander. Die Familie, so eine Studie des Grimme-Instituts, sei nicht mehr der Ort des Rückzugs aus der Gesellschaft, der emotional besetzte Hort der Glückseligkeit, sondern eine Funktionsgemeinschaft, in der man nebeneinander herlebt. Am Ende jeder Folge blieb wenig mehr als Resignation. Was wie die mediale Kapitulation der klassischen Familie wirkte, war in Wahrheit ihr Gegenteil. Serien wie *Die Unverbesserlichen* hatten einen »doppelten Boden«, so der Medienwissenschaftler Knut Hickethier. Hinter dem Familienelend verberge sich das Ideal der klassischen Familie, die allen Widrigkeiten zum Trotz irgendwie versuche, nicht auseinanderzubrechen und an ihrer Gemeinschaft festzuhalten.

Die Soaps der neunziger und 2000er Jahre haben die klassische Kleinfamilie endgültig aus ihrer Dramaturgie gestrichen. Die Serienprotagonisten sind ledig, geschieden, verwitwet, sie leben in einer lockeren Partnerschaft, in der Seitensprünge häufiger vorkommen, in Stieffamilien, Wohngemeinschaften und *Living-together-apart*-Konstellationen. In der Serie *GZSZ* gibt es keine einzige »Normalfamilie«. Wer im Fernsehen eine »Normalfamilie« sucht, findet sie als Karikatur: bei den *Simpsons*.

Mittlerweile ist die klassische Familie in allen Variationen durcherzählt. Die Patchworkfamilie ist für Autoren also ein dramaturgischer Glücksfall. Auch für Zuschauer könnte sie das sein, weil sie eine Unmenge an Konstellationen erlaubt, schicksalhafte und heitere.

Die Autoren schreiben aber nur heitere Drehbücher wie *Türkisch für Anfänger*. Amazon verkauft den »preisgekrönten Multikultispaß der Patchworkfamilie Schneider-Öztürk komplett in einer Box«. Bora Dagtekin hat ins Zentrum seiner Geschichte die sechzehn Jahre alte Lena gestellt, deren Mutter sich in den türkischen Kriminalkommissar Metin verliebt. Lena muss von diesem Moment an nicht nur die Aufmerksamkeit und Liebe ihrer Mutter mit einem Fremden teilen, sie muss auch dessen Kinder ertragen, ihre neuen Geschwister. »Chaotisch« und »turbulent« sind Wörter, die im Zusammenhang mit der Serie oft fallen. Bettina Reitz hat sie für die ARD produziert und in einem Interview gesagt: »Wichtig ist, dass wir ein zeitgemäßes Familienleben widerspiegeln wollen. Die Serie geht humorvoll mit kulturellen Unterschieden um, arbeitet dabei bewusst mit Vorurteilen und ist im besten Sinne eine freche Comedy (...).«

Mitten im Leben ist auch so eine freche Comedy, sie lief 2007 bei RTL und Heiner Lauterbach spielte darin den überforderten Patchworkpapa eines eigenen Sohnes und dreier fremder Mädchen. Der Schauspieler behauptete einmal, dass sich die Qualität der Serie an amerikanischen

Vorbildern orientiere. Dramaturgisch und schauspiele-
risch ist davon nicht viel zu spüren.

Die Kinder sind in der Pubertät oder gerade auf dem
Weg dorthin, und man weiß natürlich nie, wer in dieser
Zeit mehr leidet, die Eltern oder die Kinder. Da wir uns in
der Patchworkwelt befinden, verzweifeln wir am Ende
nicht, sondern bleiben froh zurück.

Die Fernsehpatchworkwelt verbreitet Hoffnung, das ist
ihre Aufgabe. Wie in den Printmedien sind wir in ihr
von sorglosen Menschen umgeben, die die Dramatik des
Lebens verschont hat. Es gibt keinen Neid, keine Missgunst, keine Trauer, kein Leid, keine Verzweiflung, keine
Verluste. Es gibt keine Schwerverwundeten, nicht einmal
Leichtverletzte. In besonders schlimmen Fällen verpacken
Autoren die Patchworkfamilie in eine triviale Komödie,
geben ihr einen Titel, der nichts Gutes verheißt (zum Beispiel *Meine schöne Bescherung*, Regie: Vanessa Jopp) und
erfinden Wörter wie »polynukleare Familienstrukturen«.

Die Familie ist ein Ort des Unglücks und Glücks zugleich. Diese Vorstellung ist mehr und mehr vom Fern-
sehschirm und aus den Köpfen der Drehbuchautoren verschwunden, zumindest könnte man das annehmen.

Fragt man Drehbuchautoren, sagen sie etwas anderes.
Sie schieben die Schuld am Niedergang der Qualität auf
die Sender. Ihnen fehlten der Mut und die Ideen, sie
fürchteten um die Quote. Sehr beliebt seien im Moment
»Dokusoaps« und »Crime-Fun«-Geschichten, in denen
Menschen Mordfälle lösen, die hauptberuflich Haare
schneiden oder Tote bestatten. Da die Welt schlecht sei,

fragten viele nach Drehbüchern, in denen die Welt gut ist. Palmen, Strand, Sonne, Liebe, ein Arzt, so etwas verkaufe sich ausgezeichnet.

Bei den Privatsendern, die auf die Einschaltquote und die Werbeeinnahmen angewiesen sind, kann man das nachvollziehen, bei den öffentlich-rechtlichen, die sich zum Großteil aus Gebührengeldern finanzieren und die einen Auftrag zu erfüllen haben, nicht. Im Staatsvertrag für Rundfunk und Telemedien steht immerhin: »Die öffentlich-rechtlichen Rundfunkanstalten haben in ihren Angeboten der Bildung, Information, Beratung und Unterhaltung zu dienen.«

Wie erschreckend wenig die Fernsehfamilie mit der tatsächlichen Familie zu tun hat, zeigt die Studie des Grimme-Instituts von 2006, die im Auftrag des Bundesministeriums für Familie, Senioren, Frauen und Jugend die Familienbilder im deutschen Fernsehen analysiert. Die Autoren der Studie, Irmela Hannover und Arne Birkenstock, sahen sich dafür etwa 500 Stunden fiktionale und nichtfiktionale Fernsehsendungen verschiedener Sender an. Sie werteten ARD, ZDF, vier regionale ARD-Sender sowie sechs Privatsender aus. Sie sahen Serien, Gerichtsshows, Boulevardmagazine, Ratgebersendungen, Talkshows und Filme.

Die deutsche Frau bekommt im Schnitt 1,36 Kinder, die deutsche Fernsehfrau 0,48, im Krimi gar nur 0,29, »was das Filmleben der Primetime zur quasi kinderfreien Zone macht«. Ihre Beschäftigungsquote liegt im realen Leben bei 57 Prozent, im Fernsehen bei 76 Prozent. Damit übertrifft sie sogar die Quote der Norwegerinnen, die mit 73,5 Prozent weltweit am höchsten ist.

Die Serien-, Krimi- und Fernsehfilmprotagonisten leben am liebsten als kinderlose Großstadtsingles (es sind mehr als doppelt so viele wie in der Realität). Drei Viertel aller Protagonisten sind kinderlos. Die ledige Frau ist in der Regel jung, schlank, hübsch, die verheiratete mütterlich und Witwen kommen als Matronen daher. Familien mit Kindern sind Ausnahmen, die klassische Kleinfamilie mit zwei Kindern ist im fiktionalen Fernsehen im Grunde ausgestorben. Familien sind entweder weit verzweigte Groß- oder zusammengewürfelte Patchworkfamilien. Die Frau ist erfolgreich, alleinerziehend und ein Multitasking-Genie oder eine »einsame Wölfin im Krimi«.

Die Männer im Krimi sind so einsam wie die Frauen. Im *Tatort* ist die eigentliche Aufgabe der Kommissare, Verbrechen aufzuklären, oft nur noch eine Nebenaufgabe, so sehr sind sie Getriebene ihrer eigenen Unzulänglichkeiten. Es begegnen einem fast ausschließlich Beziehungskrüppel, an der Liebe Gescheiterte, die nicht in einer Familie Halt finden, sondern in einem Koordinatensystem aus Mord, Raub, Geldwäsche, Prostitution und Vergewaltigung. Die Angst der Kommissare, ihre emotionale Ritterrüstung abzulegen, ist größer als die vor körperlichen Verletzungen. Innige Begegnungen dauern nie an, was daran liegt, dass es sich bei den Begehrten entweder um Hauptverdächtige handelt, oder daran, dass bereits innerhalb einer Folge klar wird, dass das alles nichts werden kann. Die Kommissare ermitteln im Dauereinsatz, in den sie sich zugleich retten und flüchten. Er diktiert ihr Leben und gesteht ihnen kaum Raum für feste Bindungen zu. Unglücklich wirken sie darüber nicht.

Moritz Eisner (Harald Krassnitzer) lebt in einem Hochhaus in Wien, allein. Klara Blum (Eva Mattes, Konstanz) lebt allein, der Berliner Kommissar Till Ritter (Dominic Raacke) ebenfalls. Die Hannoveraner Ermittlerin Charlotte Lindholm (Maria Furtwängler) lebt in einer Wohngemeinschaft. Inga Lürsen (Sabine Postel, Bremen) ist alleinerziehende Mutter einer Tochter. Die Ehefrau und Tochter des Stuttgarter Ermittlers Thorsten Lannert (Richy Müller) sind umgekommen. Das Leipziger Ermittlerduo Eva Saalfeld (Simone Thomalla) und Andreas Keppler (Martin Wuttke) war früher miteinander verheiratet, sie verlor in der Schwangerschaft ihr Kind, während er, ein Alkoholiker, im Suff lag. Jetzt sind sie Kollegen. Als der Kieler Kommissar Borowski (Axel Milberg) einmal mit der Polizeipsychologin Frieda Jung schlief, muss das alle derart erschrocken haben, dass ihm die Serienverantwortlichen bald eine neue Partnerin zur Seite stellten.

Familie und Beruf lassen sich im Krimi nicht vereinbaren. Wenn man auf eine Fernsehsendung stößt, in der das gelingt, gelingt es gleich ausgezeichnet. Die beruflich erfolgreiche Frau kümmert sich auch zu Hause erfolgreich um den Haushalt. Sie muss sich nicht fragen, wie in der Familie die Aufgaben geteilt werden, weil sie sowieso weiterhin alle erledigt, der Mann fühlt sich nicht zuständig fürs Kochen und Putzen. Wo sie ihr Kind unterbringt, während sie arbeitet, falls sie überhaupt einen Kita-Platz bekommt, ob die Elternzeit ihrer Karriere schadet, welche Schule die beste Bildung verspricht, das fragt sie sich auch nicht. Das Fernsehen blendet die wichtigsten familien-politischen Debatten aus, die für die Zukunft der Gesellschaft entscheidend sind. Es blendet auch die sozialen Fragen des Landes weitgehend aus und konzentriert sich auf die gut verdienende Mittelschichtfamilie. Obwohl Alleinerziehende im Fernsehen überrepräsentiert sind – sie kommen dort dreimal so häufig vor wie in der Realität –, wird nicht thematisiert, wie hart sie mit welchen Schwierigkeiten zu kämpfen haben.

Mit Erziehungsfragen, Bildungsfragen und sozialen Nöten befassen sich die Dokusoaps. Sie heißen *Familien im Brennpunkt, Mein Baby, Die Super Nanny, Erwachsen auf Probe, Teenager außer Kontrolle.* Es geht hauptsächlich darum, das Schicksal einzelner Familien voyeuristisch in Szene zu setzen und befremdliche Ratschläge zu erteilen. Die Dokusoaps konzentrieren sich auf den ausgefransten Rand der Gesellschaft und nicht auf deren Mitte. Sie führen das Elend eigenartiger Familien vor anstatt in normale hinein. In der Sendung *Vorsicht Falle! Nepper, Schlepper, Bauernfänger* warnte Eduard Zimmermann früher vor Trickbetrügern. Die Dokusoaps warnen vor der Familie.

Selbst Informationssendungen erwecken den Eindruck, als sei die Familie in etwa so wichtig wie ein Curling-wettbewerb. Nicht einmal 1 Prozent der Beiträge und Meldungen behandeln familienpolitische Themen. Die Grimme-Studie kommt zu dem Ergebnis, dass für das Fernsehen die aufregendsten Ereignisse im »familiären Nahraum«

spielten, was so viel heißt wie Eifersuchtsdramen und andere Tragödien, im besten Fall mit Toten. Manchmal wird über Gerichtsprozesse berichtet und über Urteile wie die neue Sorgerechtsregelung.

Die Autoren der Studie fordern deshalb eine besser auf das Medium abgestimmte Informationsaufbereitung einschlägiger familienpolitischer Daten, familienwissenschaftlicher Forschungen und Aktivitäten sowie eine intensivierte Zusammenarbeit zwischen familienpolitischen Akteuren und Medienmachern. Das veranlasste eine Zeitungskommentatorin, davon abzuraten, nach einem solchen Muster Drehbücher zu schreiben. Mit derart trockenem Realismus komme uns ja nicht einmal die sozialkritisch bewegte *Lindenstraße*.

Dahinter verbirgt sich die Überzeugung, dass man den Fernsehzuschauern nicht allzu viel Wirklichkeitsnähe zumuten sollte. In diesem Sinne wären die Zuschauer unmündige, reflektionsunfähige Verbraucher, die den Apparat ein- und das Gehirn ausschalten. Das mag in manchen Fällen so sein, lässt sich aber nicht verallgemeinern.

Die Angst, der Zuschauer könnte bei einer Geschichte aus dem Leben an seine Lebensgeschichte, geplatzte Träume, gescheiterte Lieben, an sein eigenes Versagen erinnert werden, ist größer als der Mut, den Finger in die Wunde zu legen. Unbeschwerte Patchworkdrehbücher verkaufen sich aber ganz einfach auch deshalb so gut, weil sie ein Familienmodell propagieren, das in Zukunft so selbstverständlich sein wird wie späte Ladenöffnungszeiten.

Das Fernsehen hat keine ausdrücklich erzieherische

Funktion. Seine Aufgabe ist es nicht, den Blick auf das eigene Leben zu schärfen oder Wertevorstellungen zu entwickeln. Trotzdem beeinflusst es unser Denken und Handeln stärker, als wir annehmen. Es wäre deshalb umso wichtiger, ein differenziertes Patchworkbild zu zeichnen, anstatt der Quote wegen leichtfertig Werte zu verwässern.

Es gibt einen hübschen Werbeslogan der Firma Telefunken aus den fünfziger Jahren, er lautet: »Das Fernsehen ist das Fenster zur Welt.« Dass diese Aussage tatsächlich einmal ernstgemeint war, kann man sich heute kaum noch vorstellen.

Die Zeiten, als Adorno, Horkheimer und andere die Massenmedien als Instanzen des Massenbetrugs beschrieben, vor denen man sich in Acht nehmen müsse, sind lange vorbei. Ihre Warnungen vor der Manipulation, vor der Entmündigung des Konsumenten klingen leise nach. Sie kritisierten deren Distanzlosigkeit, die Zuschauer ließen sich berauschen und akzeptierten die Medienmanipulation, ohne aufzubegehren. Dadurch werde der Grundstein für den Zwangscharakter einer entfremdeten Gesellschaft gelegt.

Heute sind wir der Ansicht, die Kritische Medientheorie sei hauptsächlich für Menschen von gestern geschrieben worden. Wir sind im pausenlosen Medienkonsum geübt, laden Apps und Musik auf unseren iPod, versenden E-Mails, sehen Filme, telefonieren währenddessen und surfen im Netz. Wir glauben, die Tücken der Medien und ihre Inszenierungsstrategien zu durchschauen. Wir bilden uns ein, keiner Täuschung mehr zu erliegen.

Die Hoffnung, man könne sich in einer von Massenmedien geprägten Gesellschaft der Wirkung von Massenmedien entziehen, ist naiv. Um sich die Macht der Bilder vor Augen zu führen, genügt die Erinnerung daran, dass wir keinem unserer Sinne so sehr vertrauen wie dem Gesichtssinn. Wir glauben, was wir sehen; seit der Antike gilt der Sehsinn als der mächtigste Sinn, er ist jene anthropologische Potenz, die, neben dem Tastsinn, den unmittelbarsten Kontakt zur Welt hält und am innigsten mit ihr verbunden ist. Der Sehsinn ist von allen Sinnen der objektivste, weil die Augen die höchste Erkenntnisfähigkeit besitzen.

Der Sehsinn ist auch der gefährlichste, verführerischste Sinn, er führt uns leicht in die Irre. Wie leicht, kann jeder an sich selbst beobachten. Das Fernsehen ist in erster Linie ein Augenmedium. Sein Trick besteht darin, seine Medialität und Konstruktivität zu verschleiern. Keinem Medium gelingt das besser. Fernsehbilder verfestigen sich zu etwas, was – je nach Bildung und Kritikfähigkeit – jene Wirklichkeit genannt wird, an der man sich im Urteil orientiert. Der Medienwissenschaftler Peter M. Spangenberg bezeichnet Fotos und Bilder als »Fetische der Realität«, »durch die die Authentizität individuellen Erlebens mit der sozialen Wirklichkeitskonstruktion untrennbar verbunden ist«.

Unserem Bewusstsein entgeht die Konstruktivität medial vermittelter Eindrücke natürlich nicht. Doch das Bild fesselt das Auge und spielt ihm einen Streich. Bilder lassen uns kalt oder berühren uns. Manchmal rühren sie uns zu Tränen. Wir lachen, und wir ängstigen uns, sind wütend, verstört, bedrückt, beglückt. Gefühle spielen eine entscheidende Rolle. Sobald sie geweckt sind, fällt es uns schwerer, zwischen Fiktion und Nichtfiktion zu unterscheiden.

Wir haben unseren Fernsehkonsum im Laufe der Jahre stetig erhöht, vor allem mit dem Aufkommen der Privatsender in den achtziger Jahren, nun sehen wir täglich im Schnitt vier Stunden fern, entweder nebenher beim Bügeln oder gebannt vom Sofa aus, daran hat auch das Internet entgegen aller Prognosen nichts geändert. »Unsere Wahrnehmung von Gesellschaft ist wesentlich davon geprägt, wie die Gesellschaft im Fernsehen dargestellt wird«, sagt der Medienwissenschaftler Knut Hickethier. Sein Anteil an unserer Wirklichkeitsvorstellung könne gar nicht hoch genug eingeschätzt werden. Selbst wer keinen Fernsehapparat besitzt, kann nicht von sich behaupten, er sehe nie fern. Er sieht fern, und wenn nicht bewusst, dann unbewusst. Fernsehbilder verfolgen uns in Schaufenstern, Cafés, Einkaufspassagen, Kaufhäusern, in U-Bahn-Stationen, auf Flughäfen und Bahnhöfen. Diese Allgegenwart macht das Fernsehen mächtig. Ob wir es wollen oder nicht: Fernsehbilder beeinflussen jede unserer sozialen Beziehungen; und sie können unsere Verhaltensweisen sogar verändern. Lothar Mikos formuliert es so: »Das Fernsehen ist ein Medium, das der symbolischen Verständigung der Gesellschaft über sich selbst dient und daher mit dem Sozialen auf doppelte Weise verbunden ist: Einerseits ist es selbst Ausdruck des sozialen Wandels, andererseits treibt es als gesellschaftliches Kommunikationsmedium diesen Wandel voran.« Fernsehen ist nichts anderes als ein sozialer Motor.

Da sich die Welt so schnell verändert, dass wir heute nicht ahnen können, was morgen passiert, setzen die Fernsehmacher der realen Verunsicherung eine erfundene Kuschelwelt entgegen, in die wir uns flüchten können. »Gelassenheit durch Fiktionalisierung« nennt das Hickethier. Das gilt besonders für die Patchworkfamilie. Hickethier spricht dem Fernsehen eine stabilisierende Wirkung zu. Anders gesagt: Es lullt uns ein. Unbewusst neigen wir dazu, die Wirklichkeit anhand fiktionaler Baupläne umzudeuten. Plötzlich ähnelt das persönliche Lebensumfeld dem der Fernsehsoap, die Grenzen verschwimmen. Studien zeigen, dass es immer mehr Fernsehkonsumenten immer schwerer fällt, zwischen wahren und Fernsehfreunden zu unterscheiden, selbst wenn das kaum vorstellbar ist. Was ist Realität? Was Fiktion?

Der Bilderterror konfrontiert uns mit dem Ungewöhnlichen, bis es gewöhnlich wird. Stellt man die Patchworkfamilie lange genug als Normalzustand vor, verschiebt sich die kollektive Wahrnehmung in Richtung einer Wirklichkeitskonstruktion, die die Wirklichkeit immer stärker dekonstruiert. »Man muss sich gar nicht an eine bestimmte Serie erinnern«, sagt Hickethier, »es ist die Gesamtheit der positiv konnotierten Patchworkbilder, die unsere Idee von Familie nachhaltig verändert.«

Das funktioniert nach simplen Mustern. Zum Beispiel nach diesem: Der eine betrügt den anderen, wird rausgeschmissen, aber kurz darauf in einer Patchworkkonstellation froh, ohne vorher überhaupt nach einer anderen Lösung gesucht und für die Ehe gekämpft zu haben. Nachdem sich die ehemaligen Ehepartner eine Zeitlang aus dem Weg gegangen sind, verstehen sie sich wieder prächtig.

Til Schweiger, den sämtliche Kritiker belächeln, dreht die derzeit erfolgreichsten deutschen Kinokomödien. Die letzte, *Kokowääh*, sahen bereits am Startwochenende mehr als 830 000 Zuschauer. Til Schweiger schrieb das Drehbuch, führte Regie und spielte die Hauptrolle. Im Film lebt er in einem Loft und verfasst, ganz wie im wahren Leben, Drehbücher. Eines Tages sitzt ein Mädchen vor seiner Tür, sie ist acht, sie ist niedlich, und sie ist seine Tochter; auch das trifft auf sein wahres Leben zu, denn für die Rolle hat Schweiger seine Tochter Emma gecastet, die aus der zerbrochenen Ehe mit Dana stammt. Dana sagte Journalisten gegenüber, dass ihr Exmann sie vorher nicht um Erlaubnis gefragt hätte. Sie wäre aber natürlich einverstanden gewesen, auf diese Weise würden sich Tochter und Vater wenigstens sehen. Im Film wird dann viel gelacht und über Wiesen gelaufen. Ganz nebenbei inszeniert sich Til Schweiger in *Kokowääh* als rührender Vater, und dieses Bild wirkt über den Film hinaus.

Manche Filme zeigen, was möglich wäre, würde der Mut der Programmmacher und nicht der Quotendruck überwiegen. Einer dieser Filme heißt *Die Liebe der Kinder*, er wurde nur von ein paar Programmkinos gezeigt. Regie führte Franz Müller.

Ein Mann und eine Frau, Robert und Maren. Sie lernen

sich in der virtuellen Welt kennen und in der realen lieben. Sie haben beide Kinder, die Kinder sind sechzehn
und siebzehn, ein Junge und ein Mädchen. Auch sie lernen sich lieben, eine andere Liebe als die der Erwachsenen, romantisch auf ihre Art und gleichzeitig eine Gefahr
für die noch zarten Bande der Eltern. Die Kinder sollen
Geschwister sein, zumindest im Geiste, keine Liebenden,
die miteinander im Bett liegen. Das ist das Recht der Eltern. Wieso eigentlich?

Jeder Mensch hat eine Geschichte, die er mitbringt in
jene, die er neu zu schreiben beginnt. Beide berühren einander. Das ist eine banale Wahrheit. Banale Wahrheiten
vergisst man leicht. Solange, bis sie einem direkt vor Augen stehen.

Das Ende einer Familie öffnet ein weites dramatur-
gisches Feld. Zwei Menschen, die sich einander verspro-
chen haben, brechen ihr Versprechen. Das kann Waffen-
stillstand bedeuten oder Krieg. Einer zieht aus, verliebt
sich neu oder hat sich schon verliebt, während der andere
in seiner Einsamkeit versinkt, trauert, hasst – oder vergibt.
Oft sind Kinder da, und immer reißt die Trennung der Eltern Gräben auf. Der Graben zwischen Vater und Tochter
ist besonders tief. In *Prozac Nation* (Regie Erik Skjoldbjærg)
muss die Protagonistin Elizabeth, eine Harvard-Studentin,
die Schriftstellerin werden möchte, den Weg durch die
Depression gehen. Der geflohene Vater hinterließ eine Lü-
cke, die Mutter versuchte sie zu schließen und erdrückte
ihre Tochter mit ihrer Liebe.

Anders als der Regisseur Erik Skjoldbjærg erzählt Noah

Baumbach in seinem Film *Der Tintenfisch und der Wal,* der 2006 auch nur in wenige deutsche Kinos kam, das Geschehen nicht aus der Perspektive einer Person. Er blickt von oben auf das Trennungs- und Scheidungsdrama der Berkmans. Die Geschichte spielt im New York der achtziger Jahre, die Berkmans haben sich auseinandergelebt, sie ist eine erfolgreiche Autorin, er war einmal ein erfolgreicher Autor. Ihre Ehe hat sich in einen Kriegsschauplatz verwandelt, auf dem keine großen Geschosse aufgefahren werden, dafür lauter kleine, deren Verletzungen nicht minder schmerzen. Nachdem die Liebe in Scherben liegt, soll nun das gemeinsame Sorgerecht regeln, was sich nicht regeln lässt: den Schmerz der Kinder.

Die Eltern sagen, es werde sich nicht viel ändern. Sie würden jetzt eben die eine Hälfte der Woche bei der Mutter, die andere beim Vater verbringen. Aber die Eltern haben gelogen. Es ändert sich alles.

Der ältere Sohn, Walt, sechzehn, buhlt wie besessen um die Gunst seines Vaters. Ein verzweifelter Versuch, sich die Traurigkeit vom Leib zu halten. Frank ist ein paar Jahre jünger, er masturbiert in der Schule und schmiert sein Sperma auf Bücher.

Die Zeit, erwachsen zu werden, war für beide noch nicht gekommen.

Noah Baumbach ist selbst Scheidungskind. Um *Der Tintenfisch und der Wal* zu drehen, setzte er sich seinen Erinnerungen aus und kehrte zurück an den Ort seiner Kindheit, nach Park Slope, wo er aufwuchs, wo die Ehe seiner Eltern zerbrach. Gut möglich, dass er sich aber auch aus einem ganz anderen Grund für die Achtziger-Jahre-Kulisse entschieden hat: Damals gestand man sich noch ein, dass Scheidungen schmerzhaft sind.

Die Familie ist keine Insel der Glückseligkeit, das behauptet auch niemand. Sie ist es nie gewesen, auch nicht während ihres »Goldenen Zeitalters«, von den Fünfzigern bis Anfang der siebziger Jahre, selbst wenn sich im Kopf die Bilder von adretten Frauen in Hauseinfahrten festgesetzt haben.

Familie ist bisweilen ein perfides System, ein hermetischer Ort des Schweigens und Verschweigens, des Verdrängens und Ausgeliefertseins. Manche Ehen fühlen sich wie ein Gefängnis an, und das Kindsein ist eine Qual. Der Kampf tobt auf allen Ebenen. Was einem in der Familie Übles widerfährt, vergisst man nie, denn ein Verrat innerhalb des Raumes, der eigentlich für Schutz steht, für Geborgenheit, der das Netz sein soll, das einen auffängt, ist besonders abscheulich. In ihren albtraumhaften Auswüchsen hat die Familie unzählige Leben zerstört. Die Literatur ist voller Untergangs- und Desastergeschichten, die im Kreis der vermeintlich Liebsten spielen. Henrik Ibsen, August Strindberg, Leo Tolstoi, Thomas Mann, Franz Kafka, Jonathan Franzen, Elfriede Jelinek, sie alle haben düstere Geschichten erzählt, Neurosen beschrieben, Väter, die ihre Söhne hassen, Söhne, die ihre Väter hassen, verstoßene Kinder, gestörte Mütter, Kindermörder. Sie haben gefallene Autoritäten entlarvt und den Einbruch des Archaischen ins Familiäre geschildert. In Franz Kafkas *Brief an den Vater* heißt es an einer Stelle über seine Schwester Ottla: »Von Ottla wage ich kaum zu schreiben (...). Was für eine ungeheure Entfremdung, noch größer als zwischen Dir und mir, muss zwischen Dir und ihr eingetreten sein, damit eine so ungeheure Verkennung möglich ist. Sie ist so weit von Dir, dass Du sie kaum mehr siehst, sondern ein Gespenst an die Stelle setzt, wo Du sie vermutest.«

Die Familie kann ein Unglück sein.

2. Selbstoptimierung

Wir leben im Zeitalter der Unabhängigkeit, das verleiht uns ein großes Freiheitsgefühl. Die Moderne brachte viel Gutes: die Selbstbefreiung des Menschen aus seiner Unmündigkeit, das Ende der Pest und der Industriesklaverei. Wir sind kranken- und sozialversichert und vor willkürlichen Kündigungen geschützt. Das Netz des Staates ist so dicht geknüpft, dass kaum ein Bürger durchfällt. Vor gerade einmal 100 Jahren, zu Zeiten Effi Briests, legte die Gesellschaft etwa in Bezug auf die moralische Integrität von Mann und Frau unterschiedliche Maßstäbe an. Der Betrug einer Frau wog schwerer als der ihres Gatten. Sie wurde für den Fehltritt geächtet, verstoßen, die eigene Familie stellte sich gegen sie. Effi Briest starb an gebrochenem Herzen.

Noch bis in die sechziger Jahre war der Platz der Frau das Zuhause mit Herd und Kindern. Der Platz des Mannes war die Welt.

Im Gleichberechtigungsgesetz von 1957, das eigentlich einen anderen Namen tragen müsste, liest man folgenden Satz: »Es gehört zu den Funktionen des Mannes, dass er grundsätzlich der Erhalter und Ernährer der Familie ist, während die Frau es als ihre vornehmste Aufgabe ansehen muss, das Herz der Familie zu sein.«

Emanzipation und sexuelle Revolution befreiten die

Frau aus den Fesseln des Patriarchats. Sie kann studieren, arbeiten, die Pille nehmen und entscheiden, ob und wann sie Kinder kriegen will, die sie dann selbst aufzieht oder außer Haus betreuen lässt. Sie kann ihren Mann verlassen, um eine Frau zu lieben. Bei einer Scheidung ist die Frage der Schuld ohne Relevanz. Partnerschaftliche und familiale Lebensformen haben in den vergangenen Jahrzehnten eine Pluralisierung erfahren: Es gibt den Alleinerziehendenhaushalt, nichteheliche Lebensgemeinschaften, kinderlose Ehen, kinderreiche Ehen, Wohngemeinschaften, gleichgeschlechtliche Lebenspartnerschaften, Regenbogenfamilien, Fernbeziehungen, binukleare Familien und polyamore Familien.

Wir haben auch viele andere Dinge erfunden, die unser Leben erleichtern, bereichern und verändern: den Plasma-Bildschirm und das Smartphone, die Waschmaschine und das Internet, *partnertausch.de* und das Silikonimplantat.

Die Technik räumte ein Hindernis nach dem anderen aus dem Weg und bewies, dass der Mensch keine Laune der Natur ist, sondern diese nach seinen Vorstellungen beherrscht und formt. Wir bohren Tunnel durch Berge, begradigen Flüsse, schütten Inseln auf, holzen Wälder ab, bauen Staudämme, schaffen Seenlandschaften und verlegen gigantische Rasenflächen mitten in der Wüste, um darauf Golf zu spielen. Wir klonen Schafe, designen Babys, entdecken Mikrowelten und fliegen ins Weltall. Wir berechnen alles unter ökonomischen Gesichtspunkten, und die Rechnung scheint aufzugehen. Nie ging es uns so gut, und es geht uns immer besser. Das globale Durchschnittseinkommen hat sich in den vergangenen fünfzig Jahren vervielfacht, es werden weltweit mehr Lebensmittel hergestellt, die Kindersterblichkeit sinkt, die Lebenserwartung steigt.

Kein Mensch wird all diese Errungenschaften ernsthaft in Frage stellen und die Zeit zurückdrehen wollen.

Aber »anything goes« ist unser Leitspruch geworden. Der Parole des Wissenschaftstheoretikers Paul K. Feyerabend, die auf sein Buch *Against Method. Outline of an Anarchistic Theory of Knowledge* zurückgeht, folgen wir auch beim Äußeren, denn dass wir danach streben, länger jung zu bleiben, ist verständlich. Dieser Wunsch lässt sich mittlerweile relativ leicht verwirklichen, wozu man nicht einmal mehr zum Schönheitschirurgen gehen muss, weil auch der Hautarzt das lukrative Geschäftsfeld für sich entdeckt hat und lieber Botox und Hyaluron spritzt, als Ekzeme und offene Beine zu behandeln. Er verwandelt die Haut einer Vierzigjährigen in die einer Dreißigjährigen. Chirurgen straffen Pos, Schenkel, Busen. Fünfzigjährige Männer können sich wie vierzig fühlen und wie dreißig kleiden. Manche tragen Nike-Turnschuhe zum Boss-Anzug, tanzen in Clubs, rauchen, trinken und küssen fremde Frauen, ohne abfällige Blicke fürchten zu müssen. Sonntags stehen sie mittags auf, weil man um die Ecke bis nachmittags frühstücken kann, sie spielen Paintball und tragen jetzt Straßenroller unterm Arm. Auf die Soho-Clubmitgliedkarte sind sie genauso stolz wie auf den Senatorenstatus. Sie sind Single, in einer Partnerschaft oder Familienvater.

Der All-Age-Markt boomt. Wir kaufen All-Age-Bücher, sehen All-Age-Filme, lesen *Tintenherz* und Comics aller Art, wir gehen zur Kinopremiere von *Findet Nemo* und schwärmen für die Jugendkrimi-Reihe *Die drei ???*. *Die drei ???* sind das erfolgreichste Hörspiel der Welt, allein in Deutschland wurde es mehr als 35 Millionen Mal verkauft, und als Oliver Rohrbeck, Jens Wawrczeck und Andreas Fröhlich mit dem Klassiker *Der seltsame Wecker* 2009 durch Deutschland tourten, strömten etwa 100000 Mensch in die Hallen, um jene Stimmen zu hören, die einem für einen Augenblick das Gefühl der Jugend zurückgeben.

In den neunziger Jahren lag das Durchschnittsalter der Videogamespieler bei achtzehn, heute liegt es bei Ende zwanzig. Es kommt uns nicht komisch vor, dass sich unsere Interessen mit denen jener decken, die unsere Kinder sein könnten, hätten wir welche. Wer welche hat, dem kommt es sowieso nicht komisch vor.

Joseph Epstein schrieb einen wütenden Artikel, der uns daran erinnert, dass das Leben einen Anfang, eine Mitte und einen Schluss haben muss, wie im klassischen Drama. Unsere sozialen Dramen haben zunehmend mehr Akte, wodurch sich die Peripetie verschiebt. Die Jugend ist nicht mehr nur ein kurzer Abschnitt irgendwo dazwischen, wir dehnen sie ins Endlose, versuchen sie zu konservieren, weil die Jugend die Zeit des größten Lustgefühls ist. Wir tun so, als wäre die Uhr stehen und wir jung geblieben: der Versuch, sich an einem Lebensgefühl festzuklammern, das uns wie ein einziges aufregendes Versprechen vorkommt.

Unser Lebensumfeld erschwert das Altern, keine Frage. Unsere Eltern werden älter und älter und joggen auch mit siebzig im Park, als wäre das eine Selbstverständlichkeit. Nicht jeder der *Golden Ager* (auch *Master Consumer* genannt) ist automatisch begeistert von der Vorstellung, in der Großmutter- oder Großvaterrolle aufzugehen und deswegen auf die Karibikkreuzfahrt zu verzichten.

Das Festhalten an der Jugend fällt einem in manchen Städten schwerer, in manchen leichter. In Berlin fällt es einem sehr leicht. Berlin ist eine arme Stadt, man kann dort günstig leben und sich als Teil der Avantgarde begreifen, wenn man mit seinem Notebook im Café sitzt. Es reicht zu sagen: »Ich mache was in den Medien.« Die Unfertigkeit der Stadt entspricht der Unfertigkeit vieler Bewohner, das macht sie so anziehend für Menschen, die sich selbst finden wollen – oder eben gerade nicht. Berlin ähnelt einer überdimensionierten Baustelle, überall klaffen Wunden, liegen Flächen brach, und eigentlich kommt einem das schon ganz normal vor. Was man aufbaut, lässt sich auch wieder abreißen. Dieser provisorische Dauerzustand erleichtert das Verharren in der eigenen Unreife. Der Mensch, schrieb Konrad Lorenz, werde auf diesem Wege zu einem »Parasiten der Gesellschaft«, sein Verantwortungsbewusstsein und Werteempfinden schwinde. Das Leben als etwas Transitorisches zu empfinden, ist nicht neu, auch der Mensch im Mittelalter kannte dieses Lebensgefühl, er wusste jedoch, dass ein Danach existiert. Das konnte die Hölle sein oder der Himmel.

Berlin ist freilich mehr als die Summe seiner Klischees. Berlin, das macht die Stadt außergewöhnlich, ist zugleich immer auch das Gegenteil. Viele, gerade junge Menschen zelebrieren hier den Rückzug ins Private und kultivieren die Abschottung, als wollten sie die Zeit des Biedermeier heraufbeschwören, während sie allerdings voller Sehnsucht gleichzeitig zu den Generation-Golf-Anhängern hinüberschielen, die sich nach wie vor über gemeinsame Konsumerfahrungen und Marken definieren.

Unbegrenzter Konsum, absolute Freiheit, bedingungsloses Glück: Diese Trias bildete den Kern unserer Fortschrittsreligion. Wir trieben das Wachstumsdiktat unermüdlich voran, wurden leichtsinniger und gieriger, wir begannen zu spielen. 2008 war die Spitze erreicht: die Finanzkrise. »In Anbetracht unserer finanziellen Fähigkeiten haben wir uns zu lange eingeredet, wir hätten die Kontrolle über unser Schicksal. Wir haben den Mathematikgenies vertraut, die uns ein ›Risikomanagement‹ versprachen, und den Derivaten, die so komplex waren, dass wir nicht wagten, in sie hineinzuschauen«, schrieb Alain de Botton. Wir müssten unseren Sinn wieder für das erweitern, was zu jedem beliebigen Zeitpunkt in unserem Leben schiefgehen könne. »Was ist der Mensch? Ein Gefäß, das die leichteste Erschütterung, der leichteste Stoß zerbrechen kann.«

Die Finanzkrise hätte die Überzeugung, dass sich unser Leben durchplanen, kalkulieren und versichern lässt, dass ewig alles so weiterläuft, ad absurdum führen müssen. Der Spaß wäre damit vorbei gewesen.

Es gab einmal eine Zeit, als das ökonomische Verhalten als Teil des menschlichen Verhaltens den Wertevorstellungen der humanistischen Ethik verpflichtet war. Erich Fromm beschreibt in seinem Klassiker *Haben oder Sein*, wie der Kapitalismus des 18. Jahrhunderts den Weg ebnete für einen radikalen Hedonismus und Egoismus als Leitprinzipien ökonomischen Verhaltens. Die Maxime lautete Wachstum. Der Mensch verstand, dass er dafür das wirtschaftliche Verhalten von der Ethik und traditionellen Werten abspalten musste. »Der Wirtschaftsmechanismus wurde als autonomes Ganzes angesehen, das unabhängig von den menschlichen Bedürfnissen und vom menschlichen Willen ist – ein System, das sich aus eigener Kraft und nach eigenen Gesetzen in Gang hält. Die Entwicklung dieses Wirtschaftssystems wurde nicht mehr durch die Frage: Was ist gut für den Menschen? bestimmt, sondern: Was ist gut für das Wachstum des Systems?«

Die Prinzipien der Ökonomisierung gelten schon lange nicht mehr allein in der Wirtschaft. Die McKinsey-Philosophie hat unser Leben im Griff. Wir betrachten es als ein Wirtschaftsunternehmen, das laufend optimiert werden will. Dafür haben wir das Wort Lebensentwurf gefunden. Im Duden steht: »Le/bens/ent/wurf, der: Planung des (individuellen) Lebensablaufs (…).« Es ist verführerisch, dem Irrtum zu erliegen, Herr seiner Biographie zu sein.

Eine Architektin erzählte einmal von einem jungen Kollegen, der ein Haus entworfen hatte, in dessen Küche man vor lauter Flexibilität die Orientierung verlor. Nichts hatte einen festen Platz, Herd und Kühlschrank waren mit langen Kabeln und Rollen versehen und ließen sich umherschieben. Die Architektin fand das absurd. Im ersten Moment ist es das auch, denn wer möchte sich schon nachts im Dunkeln durch die eigene Küche tasten, weil er nicht weiß, wohin er den Kühlschrank gestellt hat? Man kann die flexible Küche aber auch als Anspielung auf unsere Haltung dem Leben gegenüber begreifen, das wir wie dieser Architekt entwerfen. Wir richten es ein, bauen alles um und aus und ziehen weiter. »Aber große Leistungen entstehen nicht, wenn Menschen in allen Belangen flexibel sind, sondern wenn sie an etwas festhalten«, sagt Hartmut Rosa. Der Soziologe und Autor des Buchs *Beschleunigung* glaubt, dass die »Entschleunigung« die mächtigste Gegenutopie des 21. Jahrhunderts werden könnte, wobei er nicht an erschöpfte Arbeitnehmer und -geber denkt, die ein Wellness-Wochenende in den Bergen buchen. Rosa meint ein politisches, auf Entschleunigung zielendes Programm.

Glücklicher hat uns die Beschleunigung nicht gemacht. Die Zivilisation hat sich gegen uns gekehrt, die Errungenschaften sind uns über den Kopf gewachsen. Das ist keine neue Erfahrung, sie begleitet den Menschen seit jeher und jedes Mal wirft sie ihn auf sich selbst zurück. Von Zeit zu Zeit tönt es dann von allen Seiten, wir müssten »innehalten« und eine Gesellschaft der Selbstbeschränkung werden. Theologisch formuliert fehlt es an Demut. Die Forderung nach einem Mentalitätswandel ist zur Routine geworden – geändert hat sich freilich nichts. Dass wir am Ende, egal, wie wir es drehen und wenden mögen, Ausge-

setzte sind, beweisen uns regelmäßig Natur- und Technik-
katastrophen: Tsunamis, Erdbeben, Hurrikans, Computer-
systeme, die keiner mehr versteht, Atomkraftwerke, die
ein Eigenleben führen. Was wir für unmöglich gehalten
haben, ist plötzlich Realität geworden. Trotz allem wei-
gern wir uns beharrlich, unser Verhältnis zur Welt in Frage
zu stellen. Dann müssten wir erkennen, dass wir es mit der
Technisierung, Optimierung, Wahrscheinlichkeitsberech-
nung und Unverbindlichkeit zu weit getrieben haben.

Die Sinnstrukturen, die in früheren Gesellschaften
stark durch Religion, Normen und Veränderungsutopien
geprägt waren, haben ihre Konturen eingebüßt. Wir sind
Augenzeugen eines gesellschaftlichen Wandels »innerhalb der Moderne, in dessen Verlauf die Menschen aus
den Sozialformen der industriellen Gesellschaft – Klasse,
Schicht, Familie, Geschlechtslagen von Männern und
Frauen – *freigesetzt* werden, ähnlich wie sie im Laufe der
Reformation aus der weltlichen Herrschaft der Kirche in
die Gesellschaft ›entlassen‹ wurden«, schreibt Ulrich Beck
in seinem Buch *Risikogesellschaft*. Darüber ist uns die Kontrolle unserer Freiheit entglitten. Die Freiheit hat sich in
Zwang verkehrt. Der Glaube, jede Phantasie sei realisier-
bar, versetzt uns in einen permanenten Unruhe-, in einen
Sehnsuchtszustand. Ständig quält uns die Frage: Wartet
nicht ein besseres Leben auf mich? Steht mir nicht ein
besseres zu? Warum bin ich aus meinem noch nicht ausgebrochen? Wir bewegen uns im Sinne Virilios in einer
Beschleunigungsschleife, die uns glauben macht, pro Zeit-
einheit mehr erleben und erreichen zu müssen, um unser

Bewusstsein zufriedenzustellen und ein Gefühl der Fülle, des Reichtums zu empfinden, wegen dem wir uns auf der Welt wähnen. Wie wir unsere Effektivität steigern, bringen uns Zeitmanagementkurse bei, in denen wir lernen, »wichtige und dringende« Aufgaben von »nur wichtigen«, »nur dringenden« und »weder wichtigen noch dringenden« zu unterscheiden. Die Möglichkeitswelt macht eine Entscheidungsfindung schwierig. Die Frage, welcher Rotwein sich am besten zu Lamm eignet, welcher Blazer schön ist oder in welches Gutshaus man reisen sollte, stellt noch kein existentielles Problem dar. Komplizierter wird die Sache, wenn es um den Menschen an seiner Seite geht, den Beruf, die Heimat. Darüber kann man verrückt werden.

Barry Schwartz' *Anleitung zur Unzufriedenheit. Warum weniger glücklich macht* war auch in Deutschland ein Bestseller.

Er unterscheidet in seinem Buch zwischen »Maximizern« und »Satisficern«: Der »Maximizer« versucht die bestmögliche Entscheidung zu treffen und denkt fortwährend darüber nach, ob es nicht noch was Besseres gibt, wenn er nur weiter suchte – und tut es schließlich. Der »Satisficer« trifft eine Entscheidung, die gut genug ist, mit der er zufrieden leben kann, und zerbricht sich nicht weiter darüber den Kopf.

Er sei der Glücklichere von beiden, schreibt Schwartz. Das glauben wir ihm nicht, denn es widerspricht der Idee unserer Zeit, nach der das Eigentliche erst noch kommt. Aber das ist ein Trugschluss, es verhält sich genau umgekehrt. »Es wird keine bessere Zeit kommen, sie ist immer schon da, sie kann nur ein Leben lang versäumt und unentdeckt bleiben«, notierte Botho Strauß.

Wir treiben uns selbst vor uns her. Dafür gibt es ein Wort: Ich-Jagd. Der Soziologe Peter Gross gab seinem 1999 erschienenen Buch diesen Titel.

Seit das Schicksal offenbar nur noch Sache der griechischen Mythologie ist, verflüchtigt sich auch das Ich. Der moderne Mensch hat den Glauben an das Jenseits verloren und ist vom Diesseits besessen, ein unglückliches Ich ist da unerträglich; denn dass sich leicht in ein neues Ich schlüpfen lässt, hat uns spätestens die moderne Welt des Cyberspace gelehrt. Diese Welt »bildet in den ›MultiUser-Dungeons‹ (MUDs) soziale Laboratorien zur spielerischen Erzeugung von Identitäten oder Ichs aus, wie sie früher die philosophischen Experten in ihren Gedankendungeons und in den philosophischen Schriften erzeugten«, schreibt Gross. Die Internetplattformen Facebook, Myspace, StayFriends oder studiVZ eignen sich ausgezeichnet, die eigene Person durch Ausschmücken und Ausklammern von Details als Kunstfigur zu inszenieren. Ich bin nicht einer, ich bin viele. Wer ich heute bin, wer morgen, ist eine Frage meiner Laune. Unser Ich spaltet sich auf, es »transformiert sich in vielerlei Gestalten, es tummelt sich in körperlichen, geistigen, sozialen und virtuellen Realitäten, es heftet sich an das andere Geschlecht, an Idole, schlüpft in Kostüme und Götter«.

Auf die eine Ich-Variante folgt die nächste, und während unser wahres Ich verschüttet unter den vielen Ich-

Optionen liegt, reiben wir uns verwundert die Augen, weil wir es nicht mehr finden.

Das ist eine moderne Grunderfahrung. Hartmut Rosa zitiert in seinem Buch *Beschleunigung* Rousseaus Briefroman *Julie oder die neue Héloïse* aus dem Jahr 1761. Darin reist der Protagonist Saint-Preux nach Paris, eine Stadt, die seine Sinne, die ihn mit voller Wucht erfasst. Er spürt die »Trunkenheit (…) in die dieses geräuschvolle, unruhige Leben diejenigen, die es führen, versetzt; ich verfalle in eine Betäubung, die dem Zustand eines Menschen gleicht, vor dessen Augen schnell hintereinander eine Menge von Gegenständen vorübereilt. Nichts von dem, was meinem Blick auffällt, dringt bis ans Herz; alles zusammen aber beunruhigt dessen Regungen und gebietet ihnen Stillstand, so dass ich für einige Augenblicke vergesse, wer ich bin und wem ich angehöre. Ich treibe von einer Laune zur andern, und (…) ich kann keinen Tag sicher wissen, was ich am folgenden lieben werde.«

In diesen Sätzen schwingt das Gefühl tiefer Verlorenheit genauso mit wie das nie geahnter Freiheit. Die eigene Geschichte löst sich auf, es existiert kein Vorher und kein Nachher mehr, nur das Jetzt, ein leichtes, schwebendes Jetzt. Dieser Identitätszustand ist verwirrend, er zieht uns an und schreckt uns ab – und er ist uns bekannt. Aber die spätmoderne Krise des Ich ist eine andere als die der klassischen Moderne.

Das moderne Individuum definierte sich in bewusster Reflexion auf sich selbst. Es gibt, nach Descartes, ein *fundamentum inconcussum*, eine feste, unzerstörbare Basis des

Wissens, dass man ›ist‹ und wodurch man ist. Das Individuum ist das Unteilbare, etwas Festes, das den Augenblick überdauert. Madame de Staël hat allerdings schon im 18. Jahrhundert behauptet, dass das Ich nicht existiere, und Rimbaud schrieb 1871: »Ich ist ein anderer.« Von Foucault stammt der berühmte Satz: »Der Mensch verschwindet wie am Meeresufer ein Gesicht im Sand.«

Als 1973 das Buch *Die acht Todsünden der zivilisierten Menschheit* von Konrad Lorenz erschien, konnte niemand ahnen, mit welch mulmigem Gefühl wir es beinahe vierzig Jahre später lesen würden.

Lorenz reiht Kapitel für Kapitel Negativutopien aneinander. Eine davon ist der »Wärmetod des Gefühls«. Der moderne Mensch, schreibt Lorenz, habe durch die fortschreitende Beherrschung seiner Umwelt die Marktlage seiner Lust-Unlust-Ökonomie in Richtung einer ständig zunehmenden Sensitivierung gegenüber allen Unlust auslösenden Reizsituationen und einer ebensolchen Abstumpfung gegen alle Lust auslösenden verschoben.

Er ist nicht bereit, sein Komfortlevel aufzugeben und zu leiden, er will die Sofortbefriedigung. Im Gegenzug opfert er ihr eine elementare Fähigkeit: »saure Arbeit in solche Unternehmen zu investieren, die erst in der späteren Folge einen Lustgewinn versprechen«. Was uns nicht sofort elektrisiert, elektrisiert uns nie. Dieser Grundsatz trifft unsere Sexualität besonders hart, weil »alle feiner differenzierten Verhaltensweisen der Werbung und der Paarbildung, sowohl die instinktmäßigen wie die kulturell programmierten«, schwinden. So verwandele die Unlust-Intoleranz die Höhen und Tiefen des Lebens in eine planierte Ebene, aus den großartigen Wellenbergen und -tälern mache sie eine leichte Vibration, aus Licht und Schatten Grau. Konrad Lorenz nennt das die »tödliche Langeweile«. Er hat recht behalten.

Dieses Verhalten ist natürlich kindisch. In schöner Regelmäßigkeit sitzen Kulturkritiker auf Talkshow-Sofas und warnen vor einem sich ausbreitenden Infantilismus. Vor ein paar Jahren forderte der Bund Deutscher Psychologen: »Werdet endlich erwachsen.« Das ist, als würde man einen Porschefahrer bitten, auf der Autobahn achtzig zu fahren.

Der Jugendwahn ist ein altes Phänomen. Auch frühere Generationen versuchten, von ihrer Jugendlichkeit zu retten, was zu retten war. In seiner »Rede über das Alter«, die Jacob Grimm 1860 in Berlin hielt, sagte er: »Denn zu allen Zeiten haben die Menschen das nahende Alter übel empfangen, gehasst, gescholten und verflucht oder sind doch in Wehklage darüber ausgebrochen. (...) Der Greis sollte von Dank erfüllt fühlen, daß ihm zur letzten Lebensstufe vorzuschreiten vergönnt war, er hat nicht nötig, zu jammern.«

Über den Verfall unseres Körpers, in den sich die Spuren der Jahre unerbittlich eingraben, jammern wir nicht erst bei Erreichen des Greisenalters. Wir wollen in jeder Phase über unsere Leistungsfähigkeit bestimmen können und attraktiv bleiben, begehrenswert. Die Menschen vor uns hinderte das nicht daran, in Würde zu reifen, sie wussten um die Bedeutung des Wortes unwieder-

bringlich. Infantiles Benehmen schloss das von vornherein aus.

Heute ist uns die Vorstellung davon, was Erwachsensein heißt, abhandengekommen.

Erwachsensein bedeutet, Entscheidungen zu treffen.
Indem wir uns auf eine Option festlegen, schließen wir
andere Optionen aus. Wir verzichten auf etwas und über-
nehmen für etwas Verantwortung, für einen Menschen
zum Beispiel oder eine Familie.

Erwachsensein bedeutet, die banale Tatsache zu akzeptieren, dass sich nicht jeder Wunsch verwirklichen lässt
und Lebensabschnitte einander abwechseln. Erwachsensein kann ein beruhigendes Gefühl vermitteln. Die Möglichkeitswelt ist kleiner geworden, sie erfordert keine permanente Revision, weil man nicht fürchtet, Erlebnisse,
Menschen oder irgendetwas sonst zu verpassen. Man ist
angekommen.

Von dieser Ausgeglichenheit träumte man als Teenager
in unglücklichen Stunden, davon, endlich nicht mehr auf
dem Sprung zu sein und von einem Lebensentwurf zum
nächsten hasten zu müssen. Erwachsensein assoziierte
man mit Gelassenheit.

Diese Gedanken sind uns seltsam fremd geworden.
Das Erwachsenwerden versetzt uns in panische Angst;
als besiegelte es das Ende unserer schönsten Zeit. In den
vergangenen vierzig Jahren hat sich das Heiratsalter kontinuierlich nach hinten verschoben. Frauen sind im
Durchschnitt dreißig, wenn sie heiraten, Männer drei-
unddreißig. »Für immer« hört sich nicht mehr wie ein

Versprechen an, es ist eine Drohung. Wir studieren später, ziehen später von zu Hause aus, weil es so viele Vorteile mit sich bringt, mit der Mutter unter einem Dach zu wohnen. Wir verdienen später das erste Geld, bekommen später Kinder.

Wir haben das Gefühl für die Zeit verloren – und damit auch für die Liebe.

Es waren einmal ein Junge und ein Mädchen, die schrieben einander zärtliche Briefe, in denen sie ihre Liebe beschworen, auf dass sie ein Leben lang halten möge. Die Zeit zog ins Land, die beiden wurden älter, und eines Tages wies das Mädchen den Jungen zurück. Sie schenkte ihr Herz einem anderen. Die Liebe des Jungen aber, der inzwischen ein Mann geworden war, brannte weiter. Nicht, dass er von diesem Augenblick an Frauen gemieden hätte, er suchte das körperliche Abenteuer. Die eine jedoch bewahrte er in seinem Herzen, einundfünfzig Jahre, neun Monate und vier Tage lang verzehrte er sich nach ihr. Bis sich erfüllte, wovon er träumte.

Diese Liebesgeschichte ist eine der schönsten, die je erzählt worden sind, sie stammt von Gabriel García Márquez und heißt *Die Liebe in den Zeiten der Cholera*. Eine Geschichte von Sehnsucht und Schmerz, Verzicht und Warten, Hoffen und Bangen. Am Ende steht die Erfüllung der Liebe. Eine Geschichte voller Romantik.

Die Idee der romantischen Liebe hat sich in unseren Köpfen festgesetzt. Von dieser Liebe verlangen wir, dass sie unsere Sinne betäubt, uns trunken macht vor Glück, verzaubert, elektrisiert. Wie ein Naturschauspiel soll sie über uns hereinbrechen und uns die schicksalhafte Bestimmung füreinander vor Augen führen. Sie soll uns verwandeln, wie Monika Maron es in ihrem Roman *Animal triste* beschreibt: »Wir erkennen uns nicht wieder, wir sind schöner, sanfter, weiser. Wir sind erlöst von unserem Kleinmut und unserer Missgunst. Wir fühlen uns imstande, unserem ärgsten Feind zu vergeben. Jeden Baum, jede Straße, jede Minute überstrahlen wir mit unserem Glück und wundern uns über ihre bis dahin unentdeckte Schönheit. Wir fühlen uns eins mit dem Himmel, dem Regen, dem Wind. Wir sind endlich von dieser Welt und endlich gar nicht mehr von ihr.«

Niemand, der sich dagegen wehren könnte. Wir wollen den Rausch und die Liebe als *amour passion*, als Leidenschaft. Irgendwann, glauben wir, widerfährt uns das unerwartete und doch erwartete Wunder. Die Liebe darf nicht Prosa, sie muss Poesie sein. So malen wir sie uns aus.

Das verhielt sich einst ganz anders.

Ein Mann und eine Frau saßen in einer Höhle. Morgens brach der Mann auf zur Jagd, um mit dem Fleisch der erlegten Tiere seine Familie zu ernähren. Währenddessen sammelte die Frau Pflanzen, Beeren und Wurzeln und kümmerte sich um die Kinder. Jeder erfüllte eine Aufgabe, und das Zusammenleben gelang am besten, wenn alle Abläufe ineinandergriffen. Die Liebe zwischen Mann und Frau festigte ihre Bindung zugunsten der Überlebensfähigkeit ihrer Kinder, sie stellte sicher, dass der Nachwuchs auf eine Welt, in der überall Gefahren lauerten, optimal vorbereitet wurde. Um die notwendigen Techniken und

Taktiken zu erlernen, brauchte es Vater und Mutter. Die Nachkommen waren ein gemeinsames Projekt, die Liebe hatte eine Funktion. Das ist ihre Urvorstellung.

Früher heirateten Menschen einander nicht, weil sie sich liebten, sie heirateten, um eine Produktionsgemeinschaft zu bilden. Das änderte sich im 18. Jahrhundert dramatisch. Es war die Zeit der Romantik, des Gefühls, es war die Zeit, in der die Liebe sich befreite. In seinem Ehebuch schrieb Daniel Defoe: »Ich sage, dass ich Ehe nicht für rechtmäßig halten kann, wo nicht eine herzliche, unverfälschte und befestigte Liebe stattgefunden, ehe die Heirat vollzogen wurde.« Dann kam Friedrich Schlegel, der in wilder Ehe mit Dorothea Veit lebte, und stellte das Konzept der Ehe völlig auf den Kopf. Er forderte in seinem Roman *Lucinde* die Einheit von Leidenschaft und Ehe. Beides, fand er, gehörte zueinander, wie Körper und Geist zueinandergehörten. Liebe hieß für ihn völlige Hingabe, die Verschmelzung zweier Menschen. Die wirtschaftliche Seite wischte Schlegel einfach fort. Das war revolutionär. In unserem heutigen Verständnis ist das dumm.

Das kapitalistische Prinzip der Ökonomisierung hat vor der Liebe und der Familie nicht haltgemacht. Unser privates Handeln diktiert jene knallharte Wettbewerbslogik, die Wirtschaft und Politik unermüdlich propagieren. Nur wer sich kontinuierlich dem Optimierungsgedanken unterwirft und sich unerlässlich fragt, ob er den Partner wechseln soll, seinen Stromanbieter, die abonnierte Zeitung und am besten noch den Arbeitsplatz, kommt weiter. Regelmäßige Feedback-Gespräche mit dem Chef darüber, ob man noch optimal zueinanderpasst oder sich lieber trennen sollte, gehören zum Geschäftsalltag. Eine von vielen Karriereregeln lautet: Suche dir spätestens alle fünf Jahre einen neuen Arbeitgeber – falls dein Vertrag nicht sowieso ein Zeitvertrag ist, weil sich auch der Arbeitgeber nicht längerfristig binden will. Durch den beruflichen Unsicherheitszustand scheut man aber auch private Festlegungen: Warum die Raten für ein Haus bezahlen, wenn man vielleicht bald pendeln muss? Zwanzigjährige Betriebszugehörigkeit war einmal ein Anlass zum Feiern, für Arbeitgeber und -nehmer. Diese Zeitspanne spiegelte die gegenseitige Wertschätzung.

Sogar unsere politische Haltung ist nicht mehr konservativ oder liberal, wir legen uns oft erst am Tag der Wahl fest, wem wir dieses Mal unsere Stimme geben. Permanente Veränderung ist eine der wenigen Konstanten. »Dass wir unser Leben performativ überwachen, ist die logische Konsequenz der Flexibilisierung, mit der wir es übertrieben haben«, sagt Hartmut Rosa. Die Geschwindigkeit, der wir ausgesetzt sind und die wir gleichzeitig suchen, ist schädlich. Wir springen, getrieben von Zweifeln und Unruhe, von einer Sache zur nächsten, von einem Menschen zum nächsten, von einer Versuchsanordnung des Glücks zur nächsten, als unterliege die Biographie einer Dauerevaluierung. Das Internet erzwingt diese kollektive Bewertung. Ärzte, Lehrer, Professoren, Restaurants, Bars, Kosmetikartikel, nichts entgeht der Benotung. Unsere Mobiltelefone und Kameras tauschen wir aus, bevor wir ihre Funktionen durchschaut und ausgeschöpft haben. Zu einer intensiven Beschäftigung mit einem Gerät kommt man auch gar nicht, denn schon hat die Firma das bessere Nachfolgeprodukt auf dem Markt plaziert. Nehmen wir das iPhone: ein Kultgegenstand, den wir lieben sollen, zumindest für zwei Jahre, bis wir, wie vertraglich geregelt, ein neues Gerät kriegen. Die Liebe darf nicht dem Produkt gelten, sondern der Marke. Das Alte soll vergessen werden. Die Idee des Neuen, des kontinuierlichen Austauschs, ist inzwischen komplett in die Strukturen unserer Gesellschaft eingewoben. Der flexible Mensch, sagt Rosa, sei ein Wellenreiter.

Mag sein, dass wir auch als Wellenreiter hervorragend funktionieren und Kinder selbst unter Bedingungen des permanenten Umziehens extrem leistungsfähig sind und später Karriere machen. Die Frage ist, ob Leistungsfähigkeit das entscheidende Stichwort sein kann. Und wenn ja, was wäre der Verlust?

Der Verlust wäre die Fähigkeit der Resonanz, das Sich-auf-etwas-einlassen-können und Verharren. Aber ohne das sind tiefe Empfindungen in der Natur, zum Beispiel auf einem Gipfel oder am Meer, vielleicht auch in der Religion, unmöglich. In Liebesbeziehungen entsteht vieles gar nicht erst, weil sie schon zu Ende sind, bevor sie nach zwanzig, dreißig oder sogar vierzig Jahren eine neue Qualität erreichen. Das Zerlegen der eigenen Geschichte ins Episodenhafte kappt das Band der Entwicklung.

Alles, was die Gesellschaft zu vergeben hat, wird im Berufsleben vergeben: Geld, soziale Sicherung, Status, Anerkennung. Die Erfolgskriterien richten sich immer mehr nach Äußerlichkeiten. Wer auf seine Erwerbskarriere zugunsten seiner Beziehung verzichtet, schneidet sich vom Allokationsspiel ab und hängt sich ganz an seinen Partner, in einer Zeit, in der er weiß, wie riskant das ist.

Der Druck, erwerbstätig zu sein, ist deshalb hoch. Wer aber ein guter Vollzeit-Erwerbstätiger ist, kann nicht gleichzeitig eine gute Vollzeit-Mutter und Hausfrau sein. »Er gerät in einen strukturellen Squeeze«, sagt Rosa. Er wird ausgepresst wie eine Orange. Auch die Väter sind in einem Dilemma: Sie wollen beruflich nicht als Versager gelten und haben ständig Angst, dass andere erfolgreicher werden und an ihnen vorbeiziehen, während sie selbst mit ihrem Kind Ball spielen. Auf der anderen Seite wollen sie auch nicht zu Hause versagen und gar nicht mit ihrem Kind Ball spielen. Der Konflikt ist unauflösbar.

Gegen die feindlichen Strukturen versuchen wir einen sicheren, stabilen Hafen zu etablieren, in dem man sich aufeinander verlassen kann und in dem all die Dinge geschehen, die wir sonst vermissen, ohne dass wir allerdings unseren Optimierungswillen aufgeben. Die Familie soll dieser Hafen sein. Aber die Familie steht für alles Unzeitgemäße: Stabilität, Bedingungslosigkeit, Loyalität, Verzicht, Nähe. Sie ist die letzte Bastion, auf die sich der Ökonomisierungsgedanke nicht übertragen lässt. Sie ist ein träges System, das sich der Modernisierung widersetzt. Die Totalanforderung spitzt sich in der Familie zu. Hartmut Rosa glaubt nicht, dass die Menschen von den falschen Werten geleitet würden. »Man kann nicht auf der einen Seite das Wachstum und die Flexibilität vorantreiben und den Menschen dann vorwerfen, dass sie nach diesen Maximen ihre Familienverhältnisse gestalten.«

Ist die Familie, sind wir am Ende also Opfer der selbstauferlegten ökonomischen Regeln? Sind die Strukturen, aus denen wir uns nicht befreien können, schuld an unserer Unverbindlichkeitshaltung? Und ist Widerstand zwecklos, weil die Struktur immer über den Einzelnen siegt?

Das hieße, die Waffen zu strecken. Es wäre der bequemste Weg. Jedes Scheitern ließe sich auf die Strukturen schieben, alle wären Gefangene von Rahmenbedingungen, und niemand wäre mehr allein verantwortlich. Wir könnten weiterhin ohne mulmiges Gefühl unsere Unverbindlichkeitshaltung pflegen und behaupten, dass eben auch die Liebe ein Deal sei und wir gezwungen wären, auf dem Partnermarkt das bestmögliche Geschäft abzuschließen, jemanden zu finden, dessen Status, Verdienst, Aussehen und Intelligenz der Liga, in der wir selbst spielen, möglichst nahe kommt.

Das Prinzip der Marktwirtschaft, das Verhältnis von Angebot und Nachfrage, bestimmt mittlerweile tatsächlich viel zu sehr, wen wir lieben und wie wir es tun. Die Soziologen Randall Collins und Scott Coltrane betrachten die Liebe deshalb unter tauschtheoretischer Perspektive. Dass wir ständig weiterziehen und unsere Partner auswechseln, hat ihrer Ansicht nach nichts mit eingefrorenen Gefühlen zu tun. Es entspricht der Logik des Marktgeschehens, das sich durch fallende und steigende Kurse auszeichnet. Wir verhalten uns, wie es unserer Natur entspricht: nutzenmaximierend. Die Bezeichnung dafür lautet »Theorie der rationalen Entscheidung«.

Collins und Coltrane empfehlen, die Abweichungen bei der Wahl des Partners in die eine wie in die andere Richtung gering zu halten. Sie sind überzeugt, dass das die Wahrscheinlichkeit einer stabilen Liebesbeziehung erhöht. Menschen, bei denen der eine deutlich unattraktiver oder schlauer ist als der andere, sollten voneinander lassen.

Da wir auf keinen Fall mehr investieren wollen, als wir als Rendite zurückerwarten, berechnen wir die Liebe und geben ständig Acht, sie wie den Bootskiel eines Segelschiffs auszutarieren. Tut mir der andere gut? Macht er mich glücklich? Unterstützt er mich? Hilft er mir, mich selbst zu finden? Zahlt er sich aus?

Erich Fromm hat darauf hingewiesen, dass einer der signifikantesten Ausdrücke im Zusammenhang mit Liebe und Ehe die Idee des »Teams« ist. Innerhalb dieser Definition hat Ergriffenheit keinen Platz. Ergriffenheit klingt nach Kitsch und begegnet einem, wenn überhaupt, nur noch in Romanen und Filmen.

Es ist töricht, sich wie ein liebeskranker Jugendlicher in die Ungewissheit zu stürzen, sich auszuliefern und verwundbar zu machen. Pathologisch nennen wir eine solche Liebe. Gegen den Schmerz, der Marcelle Sauvageot widerfuhr, einer jungen Französin, die im Sanatorium von Davos lungenkrank den Tod erwartete und einen Abschiedsbrief ihres Geliebten mit den Worten erhielt: »Ich heirate (...) Unsere Freundschaft bleibt (...)«, sichern wir uns ab. Einerseits. Andererseits zieht uns diese unbedingte Liebe an, das tiefe Empfinden, das sich hinter den harten Worten in Sauvageots schmalem Buch *Fast ganz die Deine* verbirgt. Das Buch erschien 1933 in Frankreich unter dem schlichten Titel *Laissez-moi (Commentaire)*.

Wenn es darauf ankommt, unterdrücken wir vorsichtshalber unsere Sehnsucht, lieben auf Distanz und verwalten unsere Gefühle wie ein Geschäftsessen mit dem Blackberry. Nie zuvor stiegen so viele Menschen freitagnachmittags und montagmorgens in den Zug und reisten durchs Land, freiwillig oder unfreiwillig. Dieses Spiel von Nähe und Ferne folgt der Logik unseres Systems. Am Ende lohnt es sich vielleicht nicht, jemandem zuliebe Opfer zu bringen.

Für Adorno, der sich zeitlebens mit der Liebeslehre Kierkegaards beschäftigte, lässt sich die Liebe nur durch den Rückzug des Menschen vom Diktat der Ökonomie befreien. Dafür müsste er mit seiner Liebe ganz bewusst in den Widerstand gehen. Nur derjenige, der die Kraft habe, an der Liebe festzuhalten, liebe wirklich.

Dass die Liebe oft ein Projekt ist, beweist die Tatsache, dass Menschen nach dem Arbeitsplatz und dem Freundeskreis am dritthäufigsten ihren Partner im Internet finden. Die Online-Datingbörsen handeln mit Gefühlen wie Trader mit Aktien. Man erstellt ein Profil von sich selbst, stellt ein Foto ins Netz, gibt sein Alter preis, Haarfarbe, Gewicht, Körpergröße, Lieblingsfilme und ob man die Berge der See vorzieht oder umgekehrt. Der Computer scannt anhand dieser Informationen die möglichen Partner, rechnet aus, wie viele Matchingpunkte einen mit welcher Person verbinden, und täuscht vor, auf diese Weise den perfekten Partner zu finden.

Das Verführerische dieses Systems ist, auch dann noch weiterzusuchen, wenn man schon jemanden gefunden hat – was viele tun, weil sie hoffen, dass noch etwas Besseres kommt.

Während wir vor dem Computer sitzen und uns von einem Profil zum nächsten klicken, verdrängen wir mit Erfolg, dass sich die Natur nicht austricksen lässt und es im Laufe der Evolution Jahrmillionen gekostet hat, Präferenzen auszubilden. Beim Finden der Liebe reagieren wir auf körperliche Reize, darauf, wie der andere riecht, geht, schaut, lacht.

Die Liebe folgt einer Dramaturgie: Man sieht sich, spricht miteinander, berührt einander, man schläft miteinander. Das war zumindest einmal das Verständnis von Liebe. Zum Wahrnehmen kommt etwas Entscheidendes hinzu: die Rede, das Gespräch; nicht das Chatten.

Frank Böckelmann attestiert allen digital gestifteten Liebschaften ein und dasselbe Manko. Ihnen fehlt die Gründungsgeschichte. »Es fehlt der Faktor des Ungeplanten und Unerwarteten, das die Zweisamkeit von der Wertung nach Idealmaßstäben befreit und auf das man sich in Krisenzeiten besinnt.« Das Zusammensein ist das Ergebnis technischer Machbarkeit einerseits und persönlichen Zeitmanagements andererseits. Es fehlt das Schicksalhafte, das plötzliche Erstarren im Moment der Begegnung, in der man nichts weiß über den Fremden und nicht ahnt, dass er sich in die eigene Gedankenwelt schleichen und das Leben verändern wird. Zum Guten oder Schlechten. Es hätte genauso gut irgendein anderer Partner gefunden werden können. Nur eine Begegnung, die so erzählt werden könne, als ob sie den beiden zugestoßen wäre, sage ihnen, wer sie seien.

Obwohl es noch nie so leicht war, einen Partner zu finden, war es noch nie so schwer, den richtigen fürs Leben zu finden. Anfang der sechziger Jahre ergänzten sich die Lebensentwürfe der Menschen ziemlich gut: ein Haus im Grünen, ein Kleinwagen, ein Mann, der arbeitet, eine Frau, die die Kinder erzieht und kocht. Die gesellschaftlichen und politischen Strukturen ließen einem allerdings auch keine große Wahl, was dem persönlichen Glück nicht gerade zuträglich war.

Jutta Allmendinger hat vor zwei Jahren junge Frauen und Männer zwischen zwanzig und dreißig zu ihren Lebensvorstellungen befragt und die Ergebnisse in einem schmalen Buch zusammengefasst. Unter der Kapitelüberschrift »Mann braucht Zeit, Frau das Aussehen – oder?« versammelt sie die Aussagen der Befragten bezüglich ihres Wunschpartners. Frauen ist am wichtigsten, dass der Mann sich Zeit für sie und die Familie nimmt. Sie legen Wert auf Erfolg und Bildung, sie selbst streben auch danach. Sein Aussehen ist den Frauen nicht gleichgültig, es ist für die Liebesbeziehung aber auch nicht ausschlaggebend.

Männern ist am wichtigsten, dass ihre Frau gut aussieht. Sie bevorzugen in der Regel Frauen, die weniger gebildet und jünger sind als sie. Im Gegensatz zu Frauen haben Männer kein Problem damit, »nach unten« zu heiraten. Der Familie zuliebe ihre Vollzeitstelle in eine Teilzeitstelle umzuwandeln, kommt für sie nicht in Frage. Bezeichnenderweise ergab die Auswertung der Umfrage, dass Vätern ihre Arbeit wichtiger war als kinderlosen Männern. »My work is my home« nannte das die Soziologin Arlie Hochschild und traf damit offensichtlich das Selbstverständnis vieler Väter.

Interessant ist, dass für Frauen und Männer, die eine Familie gründen wollen, der »richtige Mann« oder die »richtige Frau« nicht entscheidend sind. Nur die Hälfte der Befragten gab an, auf die eine oder den einen, den für sie bestimmten Menschen zu warten. Die andere Hälfte zieht also von Anfang an in Betracht, dass sie sowieso nur einen Lebensabschnitt mit dem Partner verbringen wird.

Mit der Zeit, so Allmendinger, entkoppele sich bei den Frauen immer stärker die Entscheidung für Kinder von der Existenz des richtigen Vaters und Mannes. Er sei nur mehr eine Option. »Muss es zwischenzeitlich ein Kind sein, zur Not auch ohne Vater?«

Frauen, die sich Kinder wünschen, stehen unter Zeitdruck, das ist ihr Nachteil. Männern fehlt die biologische Uhr. Sie können endlos suchen, ohne nervös zu werden.

Doch über dem Suchen und Abwägen haben wir vergessen, dass die Liebe nacheinander verschiedene Stadien durchläuft. Das erste Stadium der Verliebtheit ist nichts weiter als ein mehrstufiger biochemischer Vorgang. Hirnforscher und Anthropologen beschreiben das Verliebtsein weniger als Gefühl (Emotion) denn als Antrieb (Drive). Die Lust wird bei Männern und bei Frauen vor allem durch das Geschlechtshormon Testosteron gesteuert. Die gegenseitige Anziehung versetzt uns in ein Hochgefühl, wir denken obsessiv an den anderen. Weil das anstrengend ist, verbrauchen wir mehr Energie als beim Einkauf im Supermarkt.

Die entscheidenden hormonellen Veränderungen spielen sich im Belohnungssystem des Gehirns ab. Der Dopaminspiegel steigt, das Serotonin nimmt ab. Das Glückshormon Dopamin entwickelt in hoher Konzentration eine beinahe suchtartige Begierde. Gleichzeitig mit dem Dopamin werden vermehrt Stresshormone und vor allem Noradrenalin gebildet und ausgeschüttet. Der Stoffwechsel erhöht sich, die Blutgefäße ziehen sich zusammen und unser Herz rast, als kämen wir vom Joggen.

Der erste Kuss ist der schönste. Er lässt sich nicht wiederholen. In jenem Moment, da er geschieht, ist er Vergangenheit. Die Phase des Werbens ist schnell vorbei, was anthropologisch gesehen seine Richtigkeit hat, aber trotzdem traurig ist. Keine Liebesbriefe, keine Gedichte mehr, seltener Geschenke und Aufmerksamkeiten. Man lernt einander besser kennen, wird vertrauter, die Fremdheit schwindet, das Geheimnisvolle auch. Die Trunkenheit lässt allmählich nach und die Hormone kommen wieder ins Gleichgewicht. Behaupteten manche anfangs noch, sie würden vor dem anderen niemals eine Augenmaske auftragen, wird es irgendwann zur Gewohnheit. Klamotten im Wohnzimmer liegenlassen? Kann passieren. Wir befürchten, im Netz der Routine zu zappeln. Zu viel Prosa, zu wenig Poesie, überall Alltag. Wir fürchten, dies sei der Anfang vom Ende der Liebe, dabei ist es nur das Ende vom Anfang.

Erich Fromm sprach von der »Kunst des Liebens« und riet dazu, auch in der Liebe einige Regeln zu beachten. Eine dieser Regeln lautet Disziplin. »Ich werde es nie zu etwas bringen, wenn ich nicht diszipliniert vorgehe. Tue ich nur dann etwas, wenn ich gerade ›in Stimmung‹ bin, so kann das für mich ein nettes oder unterhaltsames Hobby sein, doch niemals werde ich in dieser Kunst ein Meister werden.« Das ist beim Klavierspielen nicht anders als beim Segeln.

Noch schwerer als die Selbstdisziplin falle dem modernen Menschen die Konzentration. Unsere Kultur führe zu einer unkonzentrierten, zerstreuten Lebensweise, für die es kaum eine Parallele gebe. »Man tut vielerlei gleichzeitig. Zur gleichen Zeit liest man, isst, hört Radio, raucht, trinkt, redet. Wir sind Konsumenten mit dem stets geöffneten Mund, bereit, alles zu verschlingen.« Zu Fromms Zeiten gab es noch kein Mobiltelefon, und niemand surfte im Internet. Die Zeit und die Technik haben uns zu einer sofortigen Bedürfnisbefriedigung erzogen und uns zu Sklaven der Augenblicklichkeit gemacht. Öffnet sich eine Internetseite nicht augenblicklich, klicken wir sie weg, verspüren wir Lust auf Pizza, rufen wir bei »Joeys« an, denken wir an einen Song, hören wir ihn auf YouTube. Eine Urlaubsbuchung dauert keine 10 Minuten. Wir sind perfekte Konsumenten: immer ansprechbar, immer auf der Suche, immer unzufrieden.

Darüber haben wir die Fähigkeit des Verweilens verloren – und unsere Geduld.

Geduld sei neben Disziplin und Konzentration aber die dritte Voraussetzung für die Liebe, behauptet Fromm. Wenn man auf rasche Erfolge aus sei, lerne man eine Kunst nie. »Aber für den modernen Menschen ist es ebenso schwer, Geduld zu haben, wie Disziplin und Konzentration aufzubringen. Unser gesamtes Industriesystem ist genau dem Gegenteil förderlich: der Geschwindigkeit. Alle unsere Maschinen sind auf Geschwindigkeit hin konstruiert; (…) je schneller, umso besser.«

Liebe ist eine Form der Verausgabung, sie ist ein Wagnis. Sie ist auch eine Wette auf die Zukunft. Sie soll nicht nur den nächsten Tag überstehen, sie soll möglichst lange halten, zwanzig, dreißig, vierzig Jahre. »Jemanden zu lieben ist nicht nur ein starkes Gefühl, es ist eine Entscheidung, ein Urteil, ein Versprechen.« Bei dem Wort »goldene Hochzeit« denken wir eher an einen Scherz als an Zweisamkeit. Wir haben uns abgewöhnt, solche Zeiträume für möglich zu halten, denn jede Entscheidung, die wir treffen, ist revidierbar. Bis auf eine: die für Kinder.

Kinder sind Optionenvernichter. Sie rauben einem die Nächte und stellen den Tagesrhythmus auf den Kopf. Sie werden mittags müde, abends quengelig und haben ständig Hunger. Man muss ihnen vorlesen und vorsingen. Sie heulen, sobald man eine DVD sehen möchte, und bringen aus der Kita Krankheiten mit, unter denen man bald selbst leidet. Nachts spucken sie in unsere Betten. Sie sind aufs Leben gerechnet in etwa so teuer wie ein Einfamilienhaus, worunter eine Freundin dermaßen litt, dass sie einige Monate zum Psychiater gehen musste, weil sie die monatlichen Kosten für Kita und Reitunterricht zur Raserei trieben. Kinder machen jeden Gedanken an Spontaneität zunichte. Das Ausschlafen ist vorbei, keine kurzfristigen Termine mehr bei der Kosmetikerin, keine Partys bis vier Uhr früh. Mobilität heißt auf einmal nicht mehr nach Prag zu fliegen, sondern den Kinderwagen zum nächsten Spielplatz zu schieben. Kinder sabbern auf Sakkos.

Damit wir trotz Familie den Schmerz des Verzichts nicht spüren müssen und uns leichter einreden können, weiterhin ein lockeres Leben voller Freiheiten zu führen, hat der Verlag Gruner & Jahr 2009 das Lifestyle-Magazin *Nido* auf den Markt gebracht. Auf mehr als 150 Seiten poliert es den Familienalltag auf Hochglanz: »Guter Sex trotz kleiner Kinder«, »Kinderfreies Wochenende« oder »Vier um die Welt. Mit Kindern nur noch Cluburlaub? Warum eigentlich? Gerade mit kleinen Kindern kann man sehr gut groß verreisen.« Irritiert überlegt man, ob man die Kinder dafür zur Kleidung in den Rucksack packen muss; und wer lässiger ist, die Kinder oder deren Eltern? Im Eröffnungseditorial schrieb die Redaktion: »Wir als junge Eltern wissen: Das ganze Leben ändert sich von Grund auf, wenn Nachwuchs im Haus ist. Aber das muss ja nicht bedeuten, dass wir unseren ursprünglichen Humor, unser Interesse an Mode, Popkultur und Gesellschaftspolitik, Karriere und geschmackvollem Wohnen gänzlich aufgeben.« Nein, muss es nicht. Es muss auch nicht die Akzeptanz des Elternseins bedeuten. *Nido* ist eine als Familienmagazin getarnte Anleitung dafür, wie sich Eltern, die früher *Neon* lasen, in urbaner Umgebung stilsicher kleiden und verhalten, damit möglichst wenig auffällt, dass sie Kinder haben. Ein Blogger fand für die *Nido*-Zielgruppe den treffenden Ausdruck: »Angst-Eltern«. *Nido* erscheint monatlich in einer Auflage von etwa 130 000 Exemplaren, was einiges sagt.

Eine der größten Lügen ist in diesem Zusammenhang die Rede von der Vereinbarkeit. Tatsächlich addieren wir laufend Dinge und setzen Prioritäten. Dass Coolness und Windelwechseln zwei verschiedene Angelegenheiten und schlicht unvereinbar sind, erschüttert manche in einem Ausmaß, dass sie Artikel unter der Überschrift veröffentlichen: »Unglück im Glück«. »Früher war man jung und schön, cool und lässig, spontan und unabhängig«, schreibt Jana Hensel, die Mitte dreißig und Autorin des erfolgreichen Buchs *Zonenkinder* ist, in der *Zeit*. »Mit großer Mühe schuf man sich ein Leben, in dem man sich treibenlassen und unterwegs sein konnte, in dem man sich nicht festlegen musste. Und lange dachte man, das würde auch mit Kindern weiter so gehen.« Man liest ihre Sätze ein zweites Mal und glaubt es nicht; ob sie das tatsächlich genauso meint? Hat sie wirklich gedacht, dass Kinder irgendetwas anderes sein könnten als eine Festlegung? Man selbst ist ja einmal Kind gewesen, und wenn man sich daran erinnert, fällt einem ein, dass die eigenen Eltern nicht jeden neu angelaufenen Kinofilm sofort sahen oder kurz entschlossen im Schlafwagen verreisten. Man ahnte, dass man ihr Leben verändert hatte, ohne zu wissen, wie grundlegend.

Wir sind durchaus bereit, Kinder in unseren Alltag zu integrieren, die Bedingung dafür lautet, dass sie unsere Lebensqualität steigern und nicht beeinträchtigen. Die moderne Autonomievorstellung ist die der Erwachsenen-autonomie, die keine Belastung durch Kinder vorsieht. Im Grunde soll unser Leben mit Kindern bleiben, wie es ohne Kinder war – nur schöner werden.

Früher unterschieden sich die Lebensläufe voneinander wie heute, aber sie folgten einer gewissen Ordnung, die unumstößlich schien. Das hatte einen praktischen Nebeneffekt: Orientierung. Man war in einer Struktur aufgehoben und wusste ungefähr, was zu tun war, was einen Ausbruch nicht automatisch unmöglich machte. Seit unser Zeitgefühl durcheinandergeraten ist, hat diese Ordnung ihre Gültigkeit verloren.

Kinder erinnern uns auf brutale Weise an das Unausweichliche: Sie konfrontieren uns mit unserer Sterblichkeit und verschärfen unser Existenzgefühl. In ihnen steht uns die biologische Wahrheit direkt vor Augen. Sie sind die nächste Generation. Die schreit uns ins Gesicht, dass wir alt sind, faltig, peinlich. Sie lacht uns aus, sobald wir uns in ihre Jugendsprache verirren. Sie sagt Sätze wie: »Mama, du hast ja eine Treppe im Bauch.« Sie verteidigt das Jungsein, sie will es ganz für sich allein auskosten und nicht mit Erwachsenen teilen. Die Zukunft unserer Kinder besäßen wir selbst gern, auch wenn wir uns das nicht eingestehen.

3. Lebenslüge

Neulich rannte die elfjährige Tochter der Nachbarin mit einem Bild durchs Treppenhaus, das sie in der Schule gemalt hatte. Das Thema hieß: meine Familie. Sie hielt jeden fest, der vorbeikam, und zeigte es ihm. »Die in der Mitte sind meine Mama und mein Papa«, sagte sie. »Und das da sind Klaus, mein zweiter Papa, und Eva, meine zweite Mama. Der Hund gehört Eva.« Das Mädchen hatte auch drei Kinder gezeichnet. »Meine richtige Schwester und meine neuen Geschwister. Die besuchen uns jetzt jedes zweite Wochenende.« Bunte Pfeile wiesen auf die leiblichen Großeltern und auf die neu hinzugekommenen. Andere auf Tanten und Onkels, von denen es jetzt einige mehr gab als noch vergangenes Jahr. Eine Figur stand abseits. »Das ist der Ex meiner Mama«, sagte sie. »Er ruft mich manchmal an.« Sie lachte.

»Patchworkfamilien sind die Großfamilien der Moderne. Viele Bezugspersonen sind besser als wenige. Das sagen auch Psychologen. Zu Weihnachten bekommen die Kinder mehr Geschenke, außerdem haben sie jetzt zwei Kinderzimmer, eins bei Mama, eins beim Papa. Wir verstehen uns weiterhin gut. Für die Kinder ist die Scheidung das Beste. Lieber ein Ende mit Schrecken als ein Schrecken ohne Ende. Wenn ich glücklich bin, ist auch mein Kind glücklich. Ich bin immer für dich da. Die *quality time* zählt.«

So lauten einige Lieblingswendungen von Patchwor-kern, die oft reflexhaft fallen. Sie führen uns vor Augen, wie erfinderisch wir geworden sind, wenn es darum geht, unser Gewissen zu beruhigen und über die Realität einen Schleier der Scheinheiligkeit zu breiten. Für ein gutes Gefühl braucht es nur die passende Formulierung, und wir stehen wieder auf der moralisch richtigen Seite. Kein Grund, sich Sorgen zu machen. Wir deuten die Wahrheit in ihren kritischen Dimensionen anhand plausibel klin-gender Erklärungsmuster und Euphemismen solange um, bis wir selbst glauben, was wir ständig betonen. Wir sagen die Wahrheit – und lügen trotzdem.

Die Gewinn- und Verlustrechnung, die wir bei jeder an-deren Gelegenheit aufstellen, zählt nicht, wenn die Fami-lie zerbricht. Die Verluste wischen wir beiseite. Solange niemand das Scheitern als Scheitern benennt, gibt es kein Scheitern. Wir nennen es *Win-win*-Situation.

Die vielfältigen sprachlichen Ablenkungsmanöver ha-ben uns Politik und Wirtschaft gelehrt. Sie haben die Stra-tegie, Negatives positiv zu konnotieren, perfektioniert. Von »freisetzen« reden Unternehmenssprecher, wenn die Firma Mitarbeiter rausschmeißt. Dieses Wort suggeriert viele schöne Perspektiven, die neugewonnene Freiheit ermöglicht es, Talente zu entdecken, Träume zu verwirk-lichen. Vielleicht wollte man ja insgeheim schon immer Pferde züchten, auswandern, eine Bar eröffnen und traute sich nur nicht. Dafür hat man jetzt genügend Zeit. An Ar-beitslosigkeit, sozialen Abstieg, Geldsorgen, eine kleinere Wohnung, an Hartz IV, daran soll niemand zuerst denken.

Auch Beitragsanpassung fällt in die Kategorie der Schön-färberei, genauso wie suboptimal, Outscourcing, abwickeln, Kollateralschaden, Familie im Wandel, Seniorenresidenz, bildungsferne Schichten, Nullwachstum oder vollschlank. Und ständig kommen neue hinzu.

Für ein neues Buch warb der Kösel-Verlag auf seiner Homepage mit einem kurzen Film. Man sieht eine Wiese, einen VW-Bus, einen Schriftzug in roten Lettern: Stiefeltern. Eine Frau eilt herbei und kickt das Wort fort. Im nächsten Moment tauchen gutgelaunte Kinder in Begleitung freundlicher Erwachsener auf, und es erscheint das Wort: *Bonus-Eltern*.

Bonus, dabei denkt man erst mal an die Wirtschaft – und seit der Finanzkrise an gierige Banker und gierige Aktionäre. Ein Bonus ist eine feine Sache. Mitarbeiter, die sich verdient gemacht haben, erhalten am Jahresende einen Bonus, eine Belohnung für ihre Leistung zum Beispiel in Form eines Aktienpakets. Lufthansa-Vielflieger können für ihre Bonusmeilen Füllfederhalter, Hermes-Tüchlein oder Piloten-Koffer kaufen. Die Bahn wirbt mit ihrem Bonus-Programm. In den Familienkontext übertragen, wie der Autor Jesper Juul es tut, sind Stiefeltern ein Geschenk.

Euphemismen haben eine doppelte Funktion: Sie sollen einerseits einen hässlichen Sachverhalt beschönigen und damit die Öffentlichkeit besänftigen, andererseits täuscht sich jeder, der sich in Euphemismen flüchtet, unbewusst selbst. Er errichtet, so Armin Burkhardt, einen »psychologischen Schutzwall«.

Der Satz »die achtziger Jahre sind vorbei, die Zeiten haben sich geändert« ist ein Baustein, der diesen Wall stabilisiert. Damals haben sich die geschiedenen Väter aus dem Staub gemacht, heimlich geheiratet, Kinder gezeugt und am anderen Ende Deutschlands eine neue Existenz aufgebaut. Das war die Generation der Weihnachts- und Geburtstagsväter, die zähneknirschend Unterhalt zahlten, nicht zum Abschlussball ihrer Kinder anreisten und keine Ahnung hatten, ob die in die siebte oder achte Klasse gehen. Die Väter sahen ihre Kinder so selten, dass es ihnen zu mühsam erschien, sich die Namen von deren Freunden und Freundinnen zu merken. Und mit der Zeit verdrängten einige Väter sogar erfolgreich, dass es überhaupt Kinder aus erster Ehe gab. Irgendwann füllten sie nicht einmal mehr die Geburtstagsvaterrolle aus, weil sie die Geburtstage vergaßen oder mit dem eines Freundes verwechselten.

Damals mussten Scheidungskinder in der Schule nach anderen Scheidungskindern suchen. Meistens fanden sie keine. Wegen ihrer Familienverhältnisse galten sie als Sonderlinge, mit denen etwas nicht stimmte und die irgendwie gestört waren. Intakte Familien beäugten den Umgang ihrer Kinder mit Kindern aus zerrütteten Familien kritisch und fürchteten einen schlechten Einfluss. Freunde nahmen die zerstrittenen Eltern scharf ins Gebet, versuchten zu vermitteln, ihnen klarzumachen, dass eine Scheidung Dramen mit sich bringt, was den Betroffenen vollkommen klar war. Die Nachbarn tuschelten. Alleinerziehende Mütter zogen mitleidige Blicke auf sich, ihr Ansehen war beschädigt. Man unterstellte ihnen, dass sie in der Ehe etwas falsch gemacht hatten, sonst hätte der Mann sie wohl nicht verlassen. Dass es auch umgekehrt sein konnte, zog man selten in Betracht. »Eine Scheidung wurde als pathologisch, als persönliches Scheitern der Ehegatten und als Katastrophe für die betroffenen Kinder gesehen«, schreibt Martin R. Textor. Psychologen ängstigten die Eltern mit Desasterprognosen. Das Kind, ein »Scheidungswaise«, werde enorme Schwierigkeiten haben im Leben, beruflich, privat, immerzu drohe der Absturz, in die Sucht oder Depression. Häufig fragten die Psychologen das Kind bereits in der dritten Sitzung: »Denkst du an Selbstmord?«

Anfang der neunziger Jahre druckte der *Spiegel* eine Titelgeschichte zum Thema Scheidung mit der Überschrift: »Illusion vom Lebens-Lego«. Im Vorspann hieß es: »Hass und Rachsucht ohne Maß; der Bruch in den Biographien wirkt viele Jahre nach; verletzt fürs Leben bleiben die Kinder auf dem Schlachtfeld zurück (…).« Solche Sätze sind mittlerweile undenkbar.

Heute ist die Wahrscheinlichkeit groß, dass Scheidungskinder nebeneinandersitzen. Auch die Fragen lauten anders: »Mama, Papa, wann lasst ihr euch eigentlich scheiden?« Oder auf dem Schulhof: »Sind deine Eltern noch verheiratet?« Aus verliebt, verlobt, verheiratet ist der Seilspring-Reim »verliebt, verlobt, verheiratet, geschieden, wie viele Kinder wirst du kriegen?« geworden.

Eine Scheidung ist eine Selbstverständlichkeit und kein Schicksalsschlag mehr. Sie ist steuerlich absetzbar, als außergewöhnliche Belastung. Die Kosten eines Mediationsverfahrens, dessen Zweck ja das Zueinanderfinden ist, lassen sich nur im Falle einer Scheidung, nicht bei einer Versöhnung absetzen. Freunde und Bekannte muntern die Getrennten auf und sind stolz darauf, verständnisvoll zu sein. Vielleicht benötigen sie selbst einmal Nachsicht und Zuspruch, wenn ihre Beziehung in die Brüche geht. Scheidungseltern und -kinder sind in bester Gesellschaft. Geteiltes Leid ist halbes Leid, verspricht eine Redewendung. Wir halten uns an Peter Gross' Worte, der in seinem Buch *Multioptionsgesellschaft* schreibt: »In Konsekutivehen, wo die Monogamie seriell betrieben wird, werden die Kinder wie Wanderpokale von einem familialen Milieu ins andere mitgenommen oder mitgezwungen.«

Eine Anwältin für Scheidungs- und Familienrecht. Sie lebt in einer westdeutschen Kleinstadt, ist verheiratet und hat zwei Kinder, beide Teenager. Die Liebe der Paare, die vor ihr sitzen, ist erloschen. Jetzt wollen sie auch auf dem Papier kein Paar mehr sein, die Ehe juristisch beenden. Die Anwältin hat während ihrer zwanzigjährigen Laufbahn mit vielen gescheiterten Paaren gesprochen. »Ich habe den Eindruck, dass die Bereitschaft, für die Liebe und die Familie zu kämpfen, in den vergangenen zehn Jahren stark nachgelassen hat. Wir erliegen schneller der Verführung«, sagt sie. Es sei zwar nicht so, dass sich die Paare die Trennung leicht machten, viele machten sie sich aber auch nicht schwerer als nötig. »Scheidungen sind Normalität geworden. Das beobachte ich im Beruf, aber auch im Freundes- und Bekanntenkreis. Ich habe auch dort das Gefühl, dass ständig Beziehungen auseinanderbrechen.«

Die Funktion der Ehe hat sich grundlegend verändert. Das Fundament der bürgerlichen Ehe beruhte auf einem Tauschverhältnis, dessen Einhaltung für alle Beteiligten und sogar Nichtbeteiligten überprüfbar war. Jeder wusste, was er leisten musste und was er erwarten durfte.

Besonders auf dem Land galt: je mehr Kinder, desto besser. Sie waren wichtige Arbeitskräfte und eine Garantie für die Versorgung im Alter. Die Nachkommenschaft sicherte die Existenz eines Hofes, das Vermögen, sofern es eines gab, konnte vererbt werden, das Geschlecht und der Name starben erst einmal nicht aus. Kinderlosigkeit war eine Schande, die Betroffenen geächtet. Im Märchen sind nur Zwerge kinderlos, und hinter Impotenz verbirgt sich ein Fluch.

Eine Scheidung war kein individuell getroffener Entschluss, sie war eine gesellschaftlich notwendige Folge eines Fehlverhaltens oder Fehltritts des Partners, womit wir wieder bei Effi Briest wären. Nachdem ihr Gatte Baron Geert von Innstetten den Betrug seiner Frau einem Freund anvertraut hatte, musste er handeln, denn die Wahrheit war damit in der Öffentlichkeit und das Duell mit dem Kontrahenten unausweichlich. »Ich ging zu ihnen und schrieb ihnen einen Zettel, und damit war das Spiel aus meiner Hand. Von dem Augenblicke hatte mein Unglück (...) einen halben Mitwisser, und nach den ersten Worten, die wir gewechselt, hatte es einen ganzen.«

Die Zeiten des Zwangs und der Nüchternheit in Eheangelegenheiten sind glücklicherweise vorbei, die Gründe, aus denen heute mehr als jede dritte Ehe geschieden wird, sind andere. Rosemarie Nave-Herz, Marita Daum-Jaballah, Sylvia Hauser, Heike Matthias und Gitta Scheller haben in einem Buch Scheidungsursachen im Wandel untersucht. Die gute Nachricht lautet, dass die Ehe nicht an Bedeutung verloren hat, sie ist, marktwirtschaftlich gesprochen, kein »Auslauf-Modell«, wir schreiben ihr auch keine »Sinn«-losigkeit zu.

Was verloren gegangen ist, ist ihr institutioneller Charakter. Das ist die schlechte Nachricht. Da es dem Einzelnen gleichgültig ist, dass die Familie das tragende Element, die Keimzelle einer Gesellschaft darstellt, hat eine drastische Verschiebung von Pflicht- und Akzeptanz- zu Selbstentfaltungswerten stattgefunden. In Interviews, die die Autorinnen mit Geschiedenen führten, fielen Sätze wie diese:

Mann: »Ich kann mich nicht anpassen, will ich auch gar nicht.«

Frau: »Ich hab gesagt, ich will ans Meer. Und fertig, Punkt. Und ich bin dann eben auch auf dem Standpunkt geblieben.«

Im Mittelpunkt stehen die eigenen Gefühle, die wir permanent beobachten und analysieren, als seien sie ein Forschungsobjekt unter dem Mikroskop. Tut mir der andere gut? Bin ich glücklich? Eine gute Ehe muss unsere emotionalen Bedürfnisse uneingeschränkt befriedigen, das verlangen wir von ihr. Die Liebe soll groß und die Intimität aufregend sein – nicht nur in den ersten Monaten. Kompromissen gegenüber sind wir skeptisch und ziehen es vor, unsere Liebespartner mit Erwartungen zu überfrachten, als sei der andere nur deshalb auf der Welt, um uns glücklich zu machen. Er soll unsere Wünsche erraten und erfüllen. Die Liebe, die Ehe ist eine Befriedigungsmaschine.

Schuld am hohen Scheidungsrisiko sind unsere »idealisierten Vorstellungen von einer Ehe und die Ansprüche an eine bestimmte Qualität einer ehelichen Partnerbeziehung, die häufiger schneller zu unerfüllten Bedürfnissen und damit zu Spannungen in den ehelichen Beziehungen führen.« Die Autorinnen sehen die Medien deshalb in der Pflicht, ein Bild der Ehe zu zeichnen, das etwas mit der Wirklichkeit zu tun hat und sie nicht entweder als Gefängnis oder ewigen Honeymoon darzustellen.

Die Emanzipation der Frau und ihre Erwerbstätigkeit werden schnell und gerne vorgebracht, sobald ein paar Ursachen für die Instabilität von Ehen gesucht werden. So einfach ist es aber nicht. Viele Frauen gehen erst vor, während oder nach der Trennungsphase wieder arbeiten und lassen sich ausbilden beziehungsweise umschulen. »Frauen versuchen also, sich selbst aus der ökonomischen Abhängigkeit bereits – oder erst – im Prozess der Eheauflösung oder danach zu befreien, sei es gezwungenermaßen oder freiwillig.« Auch auf die Flexibilisierung sämtlicher Lebensbereiche sowie den Mobilitätsdruck, der auf jedem Einzelnen lastet, lässt sich das Scheitern nicht schieben. Natürlich belasten diese Faktoren eine Liebesbeziehung, aber niemals ist ein einzelner die Scheidungsursache.

Vermutlich haben wir in einem viel größeren Ausmaß, als wir glauben, die Fähigkeit verloren, Auseinandersetzungen in einer Beziehung für normal zu halten. Doch ohne Auseinandersetzungen sind Beziehungen zum Stillstand, also zum Scheitern verurteilt. Jede nicht oberflächliche Beschäftigung mit einem Menschen zieht naturgemäß Konflikte nach sich, das ist trivial. Manchmal sind sie größer, manchmal kleiner, und es kommt vor, dass ohne professionelle Hilfe eines Paartherapeuten die Liebe unrettbar ist. Die Scham, seine Probleme zu offenbaren, ist groß. »Nach Auskunft von Eheberatern scheinen die Ratsuchenden häufig eine so lange konfliktträchtige Vorgeschichte zu haben, dass die Bereitschaft der Partner, an ihren Problemen zu arbeiten, bereits sehr gering ist und die Beratung als Hilfe zur Trennung missverstanden wird.«

Wir werden immer älter, ein zweiter, dritter, vierter Frühling ist möglich. Die Familienphase mache, so Rosemarie Nave-Herz, allerhöchstens noch ein Viertel des Lebens aus. Lebenslaufperspektivisch ist sie eine transitorische Phase. In der vorindustriellen Zeit stimmte die Ehezeit fast mit der Familienzeit überein, in der Postmoderne hat sich für jeden Lebensabschnitt ein Partnermarkt gebildet, auf dem wir uns umschauen können.

Die Anwältin findet, dass den Eltern mehr abverlangt werden müsste. Ihnen müsse klar sein, dass eine Scheidung eine Verletzung des Kindeswohls sei. Das Kindeswohl ist in den vergangenen Jahren immer unwichtiger geworden. Rosemarie Nave-Herz schreibt, »die ethisch normativen Barrieren, das sind z. B. religiöse Gründe, das

Gefühl der Verpflichtung gegenüber Kindern und/oder dem Ehepartner haben abgenommen und stehen bei den Jüngeren nicht mehr an erster Stelle«. Dafür hätten die psychischen Barrieren, zum Beispiel Angst vor dem Alleinsein, vor der eigenen Unselbständigkeit zugenommen. Die Sorge um sich selbst steht an erster Stelle.

Ein Fall hat die Anwältin besonders erschüttert. Das Paar wünschte sich sehnlich ein Kind, aber es klappte jahrelang nicht. Da der Wunsch übermächtig war, nahmen sie die Tortur der künstlichen Befruchtung auf sich. Sie bekamen Zwillinge. Die Zwillinge sind heute vier Jahre alt. Jetzt sagt die Frau: »Mein Mann ist nicht genügend da für mich, er redet nicht genügend mit mir und kümmert sich auch nicht um mich. Ich fühle mich partnerschaftlich zu wenig beachtet.« Der Mann ist verzweifelt. Sie leben getrennt. Damit der Vater seine Kinder sehen kann, arbeitet er nur noch vier Tage die Woche.

Es wäre anmaßend zu beurteilen, ob die jeweils vorgebrachten Gründe schwerwiegend genug sind, um eine Ehe zu beenden. Aber die Anwältin wundert sich schon, wie schnell heutzutage Frauen und Männer von Ehehölle sprechen. Ehehölle bedeutet in ihrem Verständnis Missbrauch, Gewalt, Alkohol. Gescheiterte Kommunikation, oder »er/sie macht mich nicht glücklich. Ich bin nicht mehr verliebt« bedeute Ehehölle jedenfalls nicht.

Wir glauben, aus den achtziger Jahren gelernt zu haben. Die Gewissheit, dass wir nicht noch einmal die Fehler von damals begehen, wiegt uns in Sicherheit. Mit den Zeiten haben sich auch die Mütter und Väter geändert. Die Väter heißen jetzt »die neuen Väter«. Sie sind bei der Geburt dabei – mit Videokamera oder ohne –, nehmen Elternzeit, wickeln ihr Kind, besuchen die Vater-Kind-Gruppe, finden in der Küche den Tortenheber und waschen Wäsche.

Wenn von den neuen Vätern die Rede ist, wird verschwiegen, dass die Zahl derer, die beruflich länger als zwei Monate aussetzen, sinkt. Dafür steigt die Zahl der Väter, die zur selben Zeit wie ihre Frauen Elternzeit nehmen. Das erlaubt neben der Kinderbetreuung einen Tenniskurs. Solange der Mann sagen kann, er sei in Elternzeit gewesen, hat er die gesellschaftliche Erwartung an ihn erfüllt. Ist die Elternzeit vorbei, ist er wieder der alte Vater. Im Zweifelsfall, sollte sich das Kind zum Beispiel nicht an die Kita gewöhnen, gibt in der Regel die Frau ihren Beruf auf.

Die neuen Väter kümmern sich nicht nur vorbildlich um ihr Kind, sie verstehen sich auch nach der Scheidung weiterhin bestens mit ihren Exfrauen. Umgekehrt ist es genauso. Ob die Kinder dem Gymnasium gewachsen sind, vor 12 Uhr nachts zu Hause sein müssen, Klavier lernen sollen oder ob das Sommercamp in Frankreich sinnvoll ist: Entscheidungen, die die Kinder betreffen, trifft man erst nach gemeinsamem Abwägen.

Vater und Mutter verbringen einen Teil der Schulferien mit ihren Kindern, wobei diese in Ruhe eine Beziehung zu den neuen Partnern der Eltern und deren Kindern aufbauen können. Manche Expartner werden Freunde. Den Sommerurlaub, den man, seit die Kinder laufen können, gemeinsam im Ferienhaus auf Amrum verlebte, verlebt man auch künftig dort, nur eben mit der neuen Liebe samt deren Anhang. Psychologen haben uns gelehrt: Entscheidend ist, dass die Eltern nach der Trennung im Sinne des Kindeswohls handeln, also fair miteinander umgehen. Kinder sollten nicht Zeugen elterlicher Streitereien werden, man darf sie nicht als Druckmittel missbrauchen, um den Expartner zu quälen. Sie zu instrumentalisieren, schadet ihrer seelischen Gesundheit. Eltern bleiben Eltern. Scheidungskinder müssen Mutter und Vater regelmäßig sehen.

Um den Mobilitätsbedürfnissen der Kinder gerecht zu werden, entwickelten die Deutsche Bahn und die Lufthansa verschiedene Konzepte und verpassten ihnen nach Weltläufigkeit klingende Namen wie »Kids on tour«. Auf ihrer Internetseite schreibt die Bahn: »Die Betreuer der Bahnhofsmission gewährleisten während der gesamten Bahnreise eine durchgehende und sichere Betreuung von Kindern im Alter zwischen 6 und unter 15 Jahren, die ohne Eltern reisen. Und: Langweilig wird die Fahrt bestimmt nicht! (…) Was gibt es Spannenderes als die erste Reise ohne Eltern und den Blick durchs Fenster auf die vorbeirauschende Landschaft?« In der Annahme, dass Kinder getrennt lebender Eltern am Freitag nach der Schule zum anderen Elternteil reisen und am Sonntagnachmittag wieder die Heimreise antreten könnten, werden alle »Kids on tour«-Verbindungen zwischen Mittag und frühem Abend angeboten. Als die Bahn das Programm 2003 startete, reisten 223 Kinder für einen Aufpreis von 25 Euro durchs Land, im vergangenen Jahr lag die Zahl bei 6827. Das Streckennetz baut die Bahn kontinuierlich aus, Frankfurt, Berlin, München, Hamburg, Köln, Düsseldorf, Stuttgart, Leipzig, Basel gehören bereits dazu.

Bei der Lufthansa ist für die *unaccompanied minors*, die Minderjährigen ohne Begleitung, der »Rotkäppchen-Service« zuständig. Genaugenommen flößt der Name nicht von vornherein Vertrauen ein. Neben der »First-Class-« und »Business-Class-Lounge« hat die Lufthansa am Frankfurter Flughafen eine bonbonbunte »Kinderlounge« mit Kinoecke, Snackbar, Chill-out-Zone, Internetzugang und Kickerspieltisch eingerichtet. Die Kinder, zwischen fünf und elf Jahren alt, tragen eine gelbe Umhängetasche mit sämtlichen Reisedokumenten und den wichtigsten Telefonnummern ihrer Familie. Man beobachtet sie eine Weile. Man ist erstaunt, wie vertraut ihnen diese Transitwelt ist, wie selbstbewusst sie sich in ihr bewegen. Keine Tränen, keine endlosen Abschiedsszenen, kein Jammern, als hätten die Kinder begriffen, dass während der Zeit des Hin- und Herfliegens von ihnen erwartet wird, erwachsen zu sein. Und man erinnert sich, wie es als Kind gewesen ist, wenn man brav sein sollte. Die Eltern sagten dann, was sie sonst nie sagten: »Du bist doch schon ein großes Mädchen.«

Mehr als 65 000 Kinder nutzen jedes Jahr den Betreuungsdienst der Lufthansa, die Preise liegt zwischen 40 und 100 Euro, je nach Flugstrecke und Verbindung.

Bahn, Lufthansa und andere Fluggesellschaften verdienen gut an der Patchworkgesellschaft. Sie sind Teil der rasant wachsenden Scheidungsverarbeitungsindustrie und hofieren die alleinreisenden Kinder wie ihre First-Class-

Kunden oder Senatoren. Als die Kinderlounge 2007 neu gestaltet wurde, sagte der Bereichsleiter Hubmanagement Frankfurt, Karl-Rudolf Rupprecht: »Wir bauen die Dienstleistungen und Services für unsere Gäste hier in Frankfurt kontinuierlich aus. Das gilt selbstverständlich auch für unsere Vielflieger von morgen.«

Nach ihrer Ankunft in Hamburg, Genf oder Brüssel beginnt für die Scheidungskinder die *quality time*. Der Begriff *quality time* soll suggerieren, dass nicht Beständigkeit zählt, sondern Erlebnisfülle. Ob sich das Bett der Mutter oder des Vaters 400 Kilometer entfernt befindet, ist demnach unwesentlich. Sobald die *quality time* läuft, stehen die Kinder im Mittelpunkt. Die wertvollen Stunden mit dem sonst abwesenden Elternteil verbringen sie im Freizeitpark, im Kino, im Erlebnisbad, in der Kletterhalle, beim Shoppen oder wo auch immer. Sie dürfen Eis essen, bis ihnen übel wird, und im Auto vorne sitzen, obwohl sie noch so klein sind, dass der Anschnallgurt schlecht sitzt.

Die Scheidungspaare von heute verhalten sich lehrbuchhaft. »Sie kommen mit den besten Vorsätzen in die Kanzlei und wollen alles richtig machen im Umgang mit dem Expartner und ihren Kindern. Aber das ist unmöglich«, sagt die Anwältin. Es ist auch unmenschlich. Eine Trennung, zumal eine Scheidung, hinterlässt tiefe Verletzungen. Einer verlässt, der andere wird verlassen, vielleicht für einen neuen Mann, für eine neue Frau. Nur selten stellen zwei Menschen beim gemeinsamen Abendessen fest, dass eine Trennung das Beste für beide ist – falls doch, sind sie meist Jahrzehnte verheiratet und die Kinder längst aus dem Haus.

»Man sollte Kränkungen nicht unterschätzen. Sie können eine gefährliche Dynamik entfalten, bei der selbst die Kinder wohlmeinendster Eltern unter die Räder kommen«, sagt die Anwältin. »Kinder werden beinahe immer instrumentalisiert, meist unbewusst.« Nur wenigen geschiedenen Eltern würde es gelingen, die goldene Regel zu befolgen, nicht schlecht über den anderen zu reden. »Wenn die Paare bei mir im Büro über den Ex herziehen, tun sie es auch bei ihren Kindern.« Oft geht es dabei um Geld. Selbst in einer funktionierenden Liebesbeziehung ist Geld gelegentlich ein heikler Punkt, bei einer gescheiterten Ehe mit Kindern kann er leicht zu hässlichen Streitereien und Bemerkungen führen: »Das soll dir dein Vater bezahlen.« »Deine Mutter will, dass du reitest, sie muss dir auch die Ausrüstung kaufen.« »Dein Vater soll seiner Neuen lieber weniger teure Geschenke machen und uns mehr unterstützen.«

Unsere Kinder sind uns heilig, behaupten wir. »Kinder sind ein ›Projekt‹, nicht mehr eine selbstverständliche Tatsache im Leben ihrer Eltern, die irgendwann erwartungsgemäß eintritt (...)«, schrieb Gustav Seibt. Die Kleinen würden umsorgt und behütet wie kaum vorher. »Wehe, man beschwert sich über sie; wehe, man findet sie nicht süß. Diese Unselbstverständlichkeit von Kindern in einem radikalisierten Arbeitsleben macht sie zu einem kostbaren, eifersüchtig gehegten Gut. Auch der Erwartungsdruck wird ungeheuerlich.«

Für unsere Kinder tun wir alles. Die Überfürsorge beginnt, bevor sie überhaupt auf der Welt sind. Wirkt sich Mozart oder Bach förderlicher auf die späteren Fähigkeiten des Kindes aus? Wie viele Stunden am Tag sollte das Ungeborene die Stimme der Mutter hören? Muss man ihm Gedichte vorlesen? Kaum hat das Kind den Kreissaal verlassen, gilt es, seine Synapsenbildung (Pisa!) im Gehirn anzuregen. »Schon in den ersten Lebensjahren wird das Fundament einer erfolgreichen Bildungsbiographie gelegt. Vom ersten Lebenstag an sind Kinder neugierige, kompetente und eigenständige Entdecker der Welt«, schreibt die Bertelsmann-Stiftung auf ihrer Homepage. In dieses »Entwicklungsfenster« stopfen ambitionierte Eltern eine Aktivität nach der anderen: Baby-Musizieren, -Yoga, -Turnen, -Schmetterlingsmassage (bindungsfördernd), Baby-Gebärdensprache, *Early Englisch* (*Baby's Best Start*), *Early Chinese*.

Vom Frühförderwahnsinn gepackt, takten Eltern den Tag ihrer Kinder, als gäbe es kein Morgen. In der Krabbelgruppe tritt der Nachwuchs dann, ohne es zu wissen, gegeneinander an. Warum robbt mein Kind noch auf dem Boden herum, während das der Freundin schon so flink krabbelt, obwohl es drei Wochen jünger ist? Und weshalb rollt meins das R nicht? Und stellt sich beim Klötzchenbauen so dumm an? Ein spöttisches: »Du musst Geduld haben, das kommt schon noch« macht aus der Freundin eine Feindin. Den knallharten Wettbewerb unter Müttern nennen die Amerikaner *Mommy Wars*. Caryl Rivers bezeichnet die *Mommy Wars* als die intelligente Version von

»Schlanke Beine in 30 Tagen«. Verbittert bekämpfen sich Mütter auch im Internet, zum Beispiel im Diskussionsforum *Urban Baby*, gegründet von der New Yorkerin Leigh Goldman Balber. Gelegentlich vergessen sie dabei ihre Manieren. Gereizt fragt etwa eine Mutter, ob sie, nur weil sie ein Kindermädchen, eine Hausdame, einen Koch und einen Fahrer beschäftige, eine schlechte, geldgeile Mutter sei, oder ob die abfälligen Kommentare nicht vielmehr zeigten, wie eifersüchtig andere Mütter auf ihr Leben seien? »Ich bin nicht eifersüchtig«, lautet eine Antwort, »ich glaube nur, du musst ziemlich inkompetent sein, wenn du deine täglichen Aufgaben nur mit so viel Hilfe geregelt kriegst.« Elternschaft ist ein Lebensstil.

Man darf Ayelet Waldman wohl glauben, wenn sie sagt: »Eine Frau, die Kinder hat, wird weniger grandios Karriere machen, als sie sich das früher einmal vorgestellt hat, weswegen die Erziehung dieser Kinder – schon zur Kompensation – erfolgreich sein muss.« Letztlich gehe es immer um die eine Frage: »Wer ist hier die gute Mutter?« Ganz gleich, welches Modell man lebt, ob als Hausfrau und Mutter, Alleinerziehende und Berufstätige oder als Patchworker, es wird aggressiv verteidigt. Solange man seine Kinder mit Bildung und Erziehung überhäufen lässt, ist alles in bester Ordnung, egal, wie es sonst zu Hause stehen mag. Hauptsache, das Kind verpasst nicht den Anschluss und bleibt wettbewerbsfähig. Familiäre Bindungen sind zweitrangig.

Nach diesen Kriterien muss im Scheidungsfall keine Mutter und kein Vater den Kindern gegenüber ein schlechtes Gewissen haben. Falls einer der beiden es doch haben sollte, beruhigen ihn unzählige Ratgeber. Mittlerweile suchen viele Eltern schon bei den kleinsten Problemen in Büchern nach Hilfe. Der Ratgebermarkt bietet ihnen eine Fülle von Titeln. Für jede Sorge verkauft der Handel das passende Buch: *Familie geht auch anders: Wie Alleinerziehende, Scheidungskinder und Patchworkfamilien glücklich werden, Elternratgeber Zweisprachigkeit – Informationen & Tipps zur zweisprachigen Entwicklung und Erziehung von Kindern, Ermutigen statt kritisieren. Ein Elternratgeber nach Rudolf Dreikurs, Das Geheimnis glücklicher Kinder, Wenn Kinder zu viel wiegen: Ein Elternratgeber, Kinder spielerisch fördern. 0–3 Jahre. Der neue große Elternratgeber. Die beste Antwort auf Pisa. Säuglings- und Kleinkinderschwimmen: Ein Elternratgeber. Jedes Kind kann schlafen lernen.*

»Ratgeber«, sagt Michael Winterhoff, »werden von Eltern gelesen, die in einer symbiotischen Beziehung leben, die ihr Kind optimieren wollen.« Für das Kind sei diese Vereinnahmung, die Verschmelzung mit seinen Eltern, äußerst gefährlich. Es verharre in der frühkindlich-narzisstischen Phase. Ein Kind braucht Hierarchien und Regeln. Gleichermaßen beunruhigend sei die Entwicklung, das Kind als Partner zu begreifen (»Wir nehmen unser Kind ernst«).

Ein Partner ist ein Mensch auf Augenhöhe. Mit einem Partner setzt man sich auseinander, findet gemeinsam Lösungen und lehnt sich an dessen Schulter, wenn über einem alles zusammenstürzt. Die Schultern von Kindern sind zu schmal, als dass sich Eltern daran anlehnen könnten. Wer sein Kind in die Partnerrolle zwingt, erwartet von ihm im Falle von Schmerz, Trauer, einer Scheidung nichts anderes als die Vernunft eines Erwachsenen. Das setzt den Glauben voraus, es zur Rationalität erziehen, es seelisch abhärten zu können. Aber wer tröstet dann am Ende wen?

Der Erziehungswahnsinn geschieht unter dem Deckmantel, das Beste für sein Kind zu wollen. Aus diesem Grund sind Eltern bereit, viel Geld zu investieren, damit sich der Nachwuchs später im Wettbewerb erfolgreich behaupten kann. Auf diesen Mechanismus baut zum Beispiel auch die amerikanische Bildungskette *FasTracKids* (sechs Monate bis acht Jahre), die das große Potential des deutschen Markts entdeckt hat. »Unsere Kinder treffen auf eine sich immer schneller verändernde Welt. (...) Bei *FasTracKids* werden verschiedene Lehrmethoden mit neuester interaktiver Technologie optimal kombiniert, um die Schlüsselfähigkeiten wie Kommunikation, Kreativität, kritisches Denken und Teamarbeit zu fördern.«

Wir haben die Kindheit abgeschafft. »Wenn wir denn schon ein Kind haben«, sagte Remo H. Largo in einem Interview, »dann soll es auch ein Erfolg werden«. Ist es kein Erfolg, besteht die Möglichkeit, das, was es tut, zu einem umzudeuten und freches Verhalten als Ausdruck seiner Hochbegabung zu interpretieren. Eine Lehrerin erzählt, wie sie eines Morgens das Klassenzimmer betrat und ein Schüler mit seinem Stuhl auf ihrem Pult saß. Er guckte sie herausfordernd an, während die Klasse lachte. Die Lehrerin beendete das Schauspiel. Sie bat die Mutter des Schülers in die Sprechstunde. Von der Ungezogenheit ihres

Sohnes wollte die Mutter nichts wissen und brachte seine Kreativität ins Spiel, die er auch zu Hause auslebe. Vielleicht habe die Lehrerin das Talent ihres Sohnes bislang verkannt, nun wollte er es ihr buchstäblich vor Augen führen. Die Lehrerin sagt, dass es noch gar nicht so lange her sei, dass das Wort eines Lehrers etwas galt. Die Eltern akzeptierten das Gesagte und zweifelten seinen Wahrheitsgehalt erst einmal nicht an. Sie gingen nach Hause, sie sprachen mit ihrem Kind und zogen Konsequenzen. Seit einiger Zeit reagieren immer mehr Eltern aggressiv, sobald Lehrer ihr Kind kritisieren, und nehmen es in Schutz. Diese Eltern seien nicht weniger anstrengend als ihre Kinder. Sie stammen, sagt die Lehrerin, ausschließlich aus der gehobenen Mittelschicht.

In einer Fernsehwerbung wird eine gutaussehende, gutgelaunte Frau von einer anderen Frau schnippisch gefragt, was sie beruflich mache. »Ich leite ein erfolgreiches kleines Familienunternehmen«, antwortet sie ihr. In der nächsten Szene saugt sie Staub. Ihre Kinder hat sie stets im Blick, damit ihnen nichts zustößt. Diese Szene sieht spielerisch aus und nach Erfolg. Die Managerin des Kleinunternehmens hat alles richtig gemacht.

Kinder haben in unserer Gesellschaft Seltenheitswert, das macht sie zu einem kostbaren Gut. Gegenüber Minderheiten verhält sich das soziale Umfeld nie gleichgültig, sie werden entweder benachteiligt oder verwöhnt. Gefährlich ist beides. »Heute wird schon deutlich, dass ein erheblicher Herd der Unruhe innerhalb der Gesellschaft zwischen Kinderlosen und Eltern schwelen wird; es wird zu Solidarisierungen der einen Fraktion gegen die andere kommen, die Fraktion der Ernährer gegen die Fraktion der Egoisten«, schreibt Frank Schirrmacher in seinem Bestseller *Das Methusalem-Komplott*. Die Schlacht werde besonders dort schmerzhaft sein, wo Alternde, die weder Kinder noch Eltern haben, sich gegen solche behaupten müssen, die sich in die Festung familiärer Strukturen zurückziehen können.

Die deutsche Öffentlichkeit ist für ihre Kinder- und Jugendliebe nicht gerade bekannt. Beweise dafür findet man überall, zum Beispiel im Bundes-Immissionsschutzgesetz: »Geräuscheinwirkungen, die von Kindertageseinrichtungen, Kinderspielplätzen und ähnlichen Einrichtungen wie beispielsweise Ballspielplätzen durch Kinder hervorgerufen werden, sind im Regelfall keine schädliche Umwelteinwirkung.«

Im Familienverband erleben Kinder das Gegenteil. Dort sind sie die Größten.

Kinder sind längst Statussymbole. Je wohlgeratener, talentierter, niedlicher sie sind, desto besser kann man sie vorführen. Jede Stadt bietet dafür den geeigneten Ort. In Frankfurt ist dieser Ort das Westend-Café »Siesmayer«. Zum Sonntagsfrühstück treffen sich dort Familien der Mittelschicht, die meist in der Gegend wohnen. Die Frauen tragen Bluse zur Jeans und Perlenohrringe, die Männer Hemd zur Jeans, und auf dem Arm ihr Kind, was bei den meisten wirkt, als wären sie ziemlich ungeübt darin. Die Kinder sehen aus, als seien sie zu einer Taufe oder Hochzeit eingeladen.

Die bürgerliche Mittelschicht schottet sich ab. Sie beobachtet sehr genau, mit welchen Kindern sich ihre Kinder anfreunden, und agiert auch als Kuppler, um den Nachwuchs vor Fehlgriffen zu schützen. Schmuddelkinder aus Migranten- oder sozial schwachen Familien stehen nicht auf den Einladungslisten.

Als Hamburgs schwarz-grüner Senat vor zwei Jahren eine große Bildungsreform ankündigte und die sechsjährige Primarschule einführen wollte, damit die Bildungschancen für Kinder aus allen sozialen Schichten steigen, protestierte das wütende Bürgertum. Es hatte Angst, dass seine Kinder mit Hartz-IV-Kindern lernen müssen und deshalb auf der Strecke bleiben. Großeltern, Eltern und Kinder zogen durch die Straßen der Innenstadt. Vom »Gucci-Protest« war die Rede. Auf den Plakaten der Kinder stand: »Wir sind keine Versuchskaninchen.« Der Platz für prekäre Verhältnisse ist anderswo, die richtige Ausbildung ist ein Distinktionsmerkmal. Die Sorge, das Kind könnte nicht als Premiumprodukt in den Markt entlassen werden und später an der mittleren Managementhürde scheitern, nimmt bizarre Züge an. Was homogen ist, muss homogen bleiben: das Umfeld, der Freundeskreis, die Schule. Inzwischen tritt der elterliche Egoismus ganz ungeniert zutage.

Das beste Buch für Eltern mit Perfektionsanspruch, die ihr Kind wie eine Maschine warten und für die Wirtschaftswelt fit machen, ist immer noch Jean Jacques Rousseaus 1762 erschiener Roman *Emile oder Von der Erziehung*. Dieses Buch erinnert uns daran, dass die Kindheit magisch ist, ein Lebensabschnitt, der in vollen Zügen ausgekostet werden muss, im Spiel, im Umherschweifen von Gedanken und Gefühlen, in der Nähe zur Natur, die den Geist schärft. Das Kind ist Kind. Es darf, es soll nichts anderes sein, weder ein Projekt noch eine Projektionsfläche. »Menschen, seid menschlich; dies ist eure erste Pflicht! (...) Liebt die Kinder, fördert ihre Spiele, ihre Vergnügungen, ihren liebenswürdigen Naturtrieb! Wer von euch hat nicht zuweilen dieses Alter beneidet, wo das Lachen stets auf den Lippen und die Seele stets im Frieden ist? Warum wollt ihr diesen kleinen Unschuldigen den Genuß einer so kurzen Zeit, die ihnen entflieht, und eines so kostbaren Gutes, das sie nicht mißbrauchen können, nehmen?«

Fatalerweise haben wir die Zeit für Kindheitserfahrungen auf ein Minimum reduziert. Die Schonungslosigkeit von Beginn an fasste der Hessische Bildungs- und Erziehungsplan für Kinder von 0 bis 10 Jahren, herausgegeben vom Sozial- und Kultusministerium, schon vor einiger Zeit in Worte. Er liest sich, als würden Kinder direkt in ein *survival camp* hineingeboren, dessen Prüfungen nur jene schadlos überstehen, die sich in kürzester Zeit bestimmte *Tools* aneignen. Der Raum für Schwäche, Durchschnittlichkeit, Verletzlichkeit schrumpft unaufhörlich. Die Elitenbildung baut auf Konkurrenzkampf.

Es ist vom Explorationsverhalten des Kindes die Rede, von Lernmotivation, Kompetenz, Meta-Kognition, Eigenverantwortung. Von ressourcenorientierten Ansätzen, neuronalen Netzwerken, von Autonomieerleben und Resilienzförderung.

Unter dem Stichwort Resilienz vermerkt der Bildungsplan: »Resilienz bezeichnet die Fähigkeiten des Kindes, seine personalen und seine sozialen Kompetenzen und Ressourcen erfolgreich zu nutzen, um schwierigen Lebensumständen zu trotzen und kritische Ereignisse und Risikobedingungen erfolgreich zu bewältigen.« Dies beinhalte die positive, gesunde Entwicklung trotz anhaltendem Risikostatus (z. B. ein niedriger sozioökonomischer Status oder eine elterliche psychische Erkrankung), die Fähigkeit, mit Belastungs- und akuten Stressbedingungen erfolgreich umzugehen, sich eigenständig Hilfe zu holen sowie die schnelle Erholung von traumatischen Erlebnissen. »Das Kind erwirbt die Fähigkeit, schwierige Situationen in seinem Leben nicht nur als Belastung, sondern auch als Herausforderung zu begreifen.«

Die Welt ist brutaler, der Wind rauher geworden, die Kindheit ist kein Schutzraum mehr, sie ist die erste, die wichtigste Stufe eines lebenslangen Optimierungsprozesses. Obwohl die Kindheitszeit, in der man seine Illusionen hütet, einen großen Zauber entfaltet, ist nichts dagegen einzuwenden, Kindern beizeiten die Vorstellung auszutreiben, die Welt sei ein wohliger Ort und hielte ganz selbstverständlich einen Platz für sie bereit. Sie müssen auch akzeptieren, dass der Weihnachtsmann eine Erfindung ist und es nicht deshalb schneit, weil auf einer Wolke Frau Holle sitzt und ihre Betten ausschüttelt. Kinder müssen für eine Welt gewappnet sein, in der sie leichter unter die Räder kommen können, als sie ahnen. Besser, sie sehen der Realität frühzeitig ins Auge. Verstörend ist die Botschaft zwischen den Zeilen. Sie lautet: In dieser Welt ist nichts verbindlich.

Man bekommt den Eindruck, es gehe darum, die Kinder für eine Gesellschaft fitzumachen, deren Zerfall man bereits schulterzuckend akzeptiert hat. Wenn man schon Kinder in eine kapitalistische Welt setzt, sollen sie sich offenbar auch an ihre Gesetze der Akkumulation und Unbeständigkeit gewöhnen.

Die Familie, das Fundament, spielt in dieser Gesellschaft eine Statistenrolle. Politik und Wirtschaft treiben ihren Auflösungsprozess zusätzlich voran, indem sie die klassische Familie dem Niedergang ausliefern. Deren Zeit scheint abgelaufen. Ihr Untergang wurde schon häufig prognostiziert, mit dem Unterschied, dass es dieses Mal ganz leise, aber dafür umso wirkungsvoller geschieht. Damit nicht gleich auffällt, dass auch der Staat die Familie abgeschrieben hat, breitet sich ein Netz der Folgenverarbeitungsindustrie aus. So wie wir uns darauf einstellen müssen, dass die Ölvorkommen zur Neige gehen und alternative Energien die Zukunft sind, haben wir uns darauf eingestellt, dass die klassische Familie einen Anachronismus in unserer flexibilisierten Welt darstellt. Jugendämter, Beratungsstellen, Scheidungsanwälte, Mediatoren, Umgangsbegleiter, Psychologen, Psychiater, Pädagogen, die Ratgeberliteratur und die Pharmaindustrie sollen die Zerrüttungsfolgen auffangen. Das können sie aber nicht. Am härtesten trifft es die Pädagogen. Sie werden mit Aufgaben konfrontiert, für die sie weder ausgebildet worden sind noch Zeit haben. Sie sind Lehrer, Tröster, Berater, Ersatzbezugsperson in einem. Ihren Schülern bringen sie das ABC bei, wie man Zahlen addiert, subtrahiert, multipliziert, welches Essen gesund ist und wovon sie die Finger lassen sollten. Manche Lehrer putzen mit ihren Schülern vor der ersten Stunde die Zähne. In Weiterbildungskursen wird ihnen geraten, darauf zu achten, ob einzelne Schüler Verhaltensstörungen aufweisen wie Ungeschicklichkeit, Unkonzentriertheit und dauernde Unruhe. Falls ja, sind sie möglicherweise an ADHS oder ADS erkrankt. ADHS steht für Aufmerksamkeitsdefizitstörung mit Hyperaktivität, ADS für Aufmerksamkeitsdefizitstörung ohne Hyperaktivität. Die Warnungen davor, gesunden Kindern einen Krankheitsstempel aufzudrücken, die Pädagogik zu psychiatrisieren und Schüler nicht länger als Schüler, sondern als Patienten zu sehen, werden lauter.

In Deutschland leiden etwa 6 Prozent der Kinder und Jugendlichen unter ADHS. »Bei den Dreizehn- bis Neunzehnjährigen stieg die Rate der ADHS-Diagnosen zwischen 2003 und 2006 um 70 Prozent«, sagt Tobias Banaschewski, Leiter der Abteilung Kinder- und Jugendpsychiatrie des Zentralinstituts für Seelische Gesundheit Mannheim. Die Zahl derer, die in den vergangenen Jahren mit dem Psychostimulanzium Ritalin ihre Konzentration, ihre motorische Steuerung und Impulskontrolle verbesserten, hat drastisch zugenommen: 1993 wurden 34 Kilogramm Ritalin geschluckt, heute sind es 1735.

Bund, Länder und Gemeinden geben immer mehr Geld für die Kinder- und Jugendhilfe aus, etwa 27 Milliarden Euro waren es 2009, knapp 10 Prozent mehr als im Jahr zuvor und sogar 50 Prozent mehr als 2000. Das Wissenschaftsmagazin *Nature* hat die Jahre 2010 bis 2020 zur »Dekade der psychiatrischen Erkrankungen« ausgerufen. In einem Aufsatz schreibt Andreas Meyer-Lindenberg, Direktor des Zentralinstituts für Seelische Gesundheit Mannheim: »Im Zeitraum von einem Jahr hat jeder Vierte eine behandlungsbedürftige, psychische Störung. Während viele körperliche Erkrankungen sich wesentlich erst am Lebensende auswirken, treffen psychische Störungen oft Menschen in den aktiven Phasen des Lebens, in der Ausbildung und im Erwerbsleben.« Eine kranke Psyche ist die häufigste Ursache für Arbeitsunfähigkeit und Frühverrentung. Dadurch entsteht ein gewaltiger finanzieller Schaden. Insgesamt erzeugen psychische Störungen »eine nahezu ebenso große Krankheitslast (44 Prozent) wie alle körperlichen Erkrankungen zusammen.« Die volkswirtschaftlichen Kosten betragen bis zu 22 Milliarden jedes Jahr, ein Anstieg von mehr als 30 Prozent im Vergleich zu vor sechs Jahren. Blickt man in die Zukunft, wird einem schwindlig.

Kinder leiden nicht nur vermehrt unter ADHS, auch Essstörungen, Schizophrenie, aggressive Verhaltensauffälligkeiten, Autismus und Depressionen werden immer öfter diagnostiziert. »Seelische Erkrankungen gehören damit zu den häufigsten Krankheiten bei Kindern und Jugendlichen, mit erheblichen negativen langfristigen Konsequenzen für die Betroffenen und hohen Folgekosten für die Gesellschaft«, sagt Tobias Banaschewski. Und: »In den nächsten zehn Jahren ist international mit einer weiteren

Zunahme um mehr als fünfzig Prozent zu rechen.« Bei der Behandlung steht meistens die Persönlichkeit des Kindes im Fokus, doch dieser eindimensionale Blick ist heikel. Die unzähligen ADHS-Studien richten ihr Hauptaugenmerk auf die medikamentöse Behandlung, als bräuchte es nur die passende Pille in der passenden Dosierung und die aus den Fugen geratene Welt werde wieder stabil. »Fehlen wir uns selbst, so fehlt uns doch alles«, heißt es in Goethes *Werther*. Das soziale Umfeld, Familie, Freunde, Beziehungen, sind belanglos. Psychische Störungen haben vielfältige Ursachen, die Instabilität von Familien und das Zerbrechen sozialer Netzwerke sind mit Sicherheit besonders schwerwiegend. Daraus resultiert das Gefühl der Verlorenheit, und dieses Gefühl setzt dem Selbstwerterleben massiv zu.

Währenddessen flüchten wir uns in Entlastungserklärungen. Für unsere Kinder haben wir doch alles Erdenkliche getan: Geld investiert. Sie gefördert. Mit drei Jahren zum Englischkurs angemeldet, mit fünf zum Chinesischkurs. Jeden Entwicklungsschritt kritisch beäugt. Unzählige Ratgeber gelesen. Ihnen einen Fahrradhelm aufgesetzt. Sie ins Ausland geschickt und partnerschaftlich behandelt. Nie über den Exmann/die Exfrau gelästert. Wir haben sie durchs Land reisen lassen und ihnen *quality time* geschenkt. Wir haben das Scheitern wegorganisiert und mit enormem Aufwand eine Infrastruktur des guten Gewissens gebastelt. Einen beträchtlichen Teil der Verantwortung tragen jetzt Institutionen, weil uns zu viel davon unnötig belasten würde. Das Gleichgewicht im Leben unserer Kinder meinen wir durch unsere Förderungswut wiederhergestellt zu haben. Die Defizite auf der familiären Seite sind damit für uns ausgeglichen. Aber diese Rechnung geht nicht auf.

Am Ende haben wir uns selbst betrogen.

Die Stellung der Familie im Grundgesetz ist herausragend. Sie steht unter dem besonderen Schutz der staatlichen Ordnung. »Das Grundgesetz kennt neben diesem Auftrag nur eine weitere ausdrückliche Schutzpflicht, den Schutz der Menschenwürde«, schreibt Gregor Kirchhof in einem Beitrag für die Quandt-Stiftung. Der Staat müsse auch den Frieden sichern, das Recht auf Leben und körperliche Unversehrtheit sowie die Freiheit der Bürger schützen. »Der Schutzakkord Menschenwürde, Frieden, Leben, Körper und Freiheit sowie Familie (...) entfaltet seinen Klang nicht, weil der Grundton, der Ton der Familien, nicht trägt. Familien werden bei der Pflegeversicherung und der Rentenversicherung benachteiligt. Die Erziehungsleistungen der Eltern werden bei der Beitragserrechnung nicht berücksichtigt, obwohl gerade diese Leistungen die Systeme erhalten.« Der Staat schöpfe fast drei Viertel seiner Finanzkraft aus Sozialversicherungsbeiträgen und indirekten Steuern, das heißt, er belaste vor allem die Familie. Kirchhof wirft dem Staat Verfassungsbruch vor: »Familien, die den Finanzstaat maßgeblich tragen und dem Gemeinwesen seine Zukunft geben, werden vom Staat benachteiligt (...). Familien sind gem. Artikel 6 Absatz 1 GG zu schützen, nicht zu benachteiligen.« Er warnt vor einem Verkümmern der Familie, denn der Raum der

Kinder und damit der Zukunft, der erste Ort der Erziehung, der Entwicklung der Persönlichkeit, ohne die es keine Freiheit gebe, werde immer enger. Anstatt arbeits-, sozial- und steuerrechtliche Bedingungen zu schaffen, in denen sich viele den Kinderwunsch nicht mehr erfüllen wollen oder können, muss der Staat genau für das Gegenteil sorgen: dass sich Familien entfalten können.

Die CDU-Politikerin Ursula von der Leyen war von 2005 bis 2009 Familienministerin und damit für ein Ressort verantwortlich, das für Gerhard Schröder bloßes »Gedöns« war.

Man könnte erwarten, dass es auf diesem Posten zuallererst darum geht, im Sinne der Familie zu handeln. Ursula von der Leyen ging es oft zuerst darum, ihre eigene Person und ihr Familienmodell medial ins bestmögliche Licht zu rücken. Die Frau, die sieben Kinder großgezogen hat, reitet Dressur, joggt, ernährt sich gesund, musiziert und tritt patent und beschwingt auf. Ihr Vater nannte sie früher Röschen. Sie führte, gegen den Widerstand der Konservativen in ihrer Partei, das Elterngeld ein und schaffte das Erziehungsgeld ab. Das Elterngeld ist eine Art Lohnersatz, es orientiert sich an der Gehaltshöhe und soll gutverdienenden Akademikern die Angst vor finanziellen Verlusten durch ein Kind nehmen und gleichzeitig Anreize setzen, frühzeitig an den Arbeitsplatz zurückzukehren, worüber sich auch die Wirtschaft freut. Kritiker warfen von der Leyen vor, das Elterngeld subventioniere jene, die es überhaupt nicht nötig hätten und sich von dem Geld einen Familienurlaub in Australien gönnten.

Wer in Nordrhein-Westfalen lebt, ein Kleinkind hat und arbeiten möchte oder muss, hat ein gewaltiges Problem. Einen Krippenplatz gibt es nur für die wenigsten Kinder unter drei Jahren, da helfen auch Geldgeschenke nichts. Erst 2013, wenn der Ausbau der Betreuungsplätze in Deutschland auf 750000 (Krippen, Tagesmütter, Betriebskindergärten) gestiegen ist, soll es einen Rechtsanspruch auf Betreuung geben.

Mitte Februar 2008 stellte Ursula von der Leyen den *Familien Report 2009* vor und verkündete freudestrahlend, die Geburtenzahl sei auch 2008 dank ihrer Politik – Elterngeld und Krippenausbau – wieder gestiegen. Sie zog dafür die Zahlen von Januar bis September heran, die zum Jahresende dummerweise absackten und den positiven Trend umkehrten. Die Zahl der Neugeborenen lag 2008 bei etwa 675000, dem zweitniedrigsten Wert seit Kriegsende. Die *Bild-Zeitung* fragte die ehemalige Familienministerin daraufhin: »Sind Sie mit Ihrer Politik gescheitert?«

Der Staat fördert die Patchworkfamilie und damit fördert er die Patchworkgesellschaft. Ein gravierender Schritt war die Reform des Unterhaltsrechts im Jahr 2008. Bis zu diesem Zeitpunk galt folgende Regelung: Falls das verfügbare Geld nach der Scheidung nicht für alle reichen sollte, hatte die geschiedene Frau zusammen mit den Kindern Vorrang vor der neuen Ehefrau ihres Exmannes. Die Unterhaltsrechtsreform hob nun die Kinder in den ersten Unterhaltsrang und verbannte die geschiedene Frau in den zweiten. Damit waren alle Ehefrauen, aktuell oder geschieden, gleichgestellt. »Es gibt kein Grundrecht auf mehrere Familiengründungen, das vom Staat oder Unterhaltsrecht subventioniert werden muss«, sagt die Anwältin. »Aber genau das geschieht.«

Die Neuerung verkaufte man als kinderfreundlich, was Unsinn ist, da nachehelicher Ehegattenunterhalt von der Steuer absetzbar ist, Kinderunterhalt nicht. Am Ende bleibt weniger Geld für alle. Die Idee dahinter ist klar: Frauen dürfen sich nicht länger darauf verlassen, in der Ehe versorgt zu sein. Kapieren sie das nicht von selbst, spüren sie es eben durch ein neues Gesetz. Sie sollen arbeiten, trotz Kindern, am besten sofort nach der Geburt wie die ehemalige französische Justizministerin Rachida Dati, die fünf Tage nach der Geburt ihres Kindes pflichtbewusst ihren Dienst antrat.

Frauen sind heute zurecht selbstbewusst und legen Wert auf Unabhängigkeit. Zahlreiche Umfragen belegen zweifelsfrei, dass sich ein Großteil der Frauen nicht vorstellen kann, ein Leben als Hausfrau und Mutter zu führen. Arbeiten, Erfolg, Bildung sind ihnen, wie bereits erwähnt, wichtig. Wichtig ist vielen aber auch, eine gewisse Zeit ihre Kinder großzuziehen. Das hat nicht das Geringste mit Gluckenhaftigkeit oder dem Wunsch zu tun, alte Rollenmuster zu stärken und ins 19. Jahrhundert zurückzukehren, es ist einfach eine Entscheidung für die Familie.

Die Unterhaltsrechtsreform ist Gift für die Familie. Eine Familiengründung stellt nun ein noch größeres Risiko dar, vor allem für Frauen. Frauen verdienen im Durchschnitt 23 Prozent weniger als Männer. Das ist ein

Skandal, gegen den die Frauen merkwürdigerweise nicht lautstark protestieren. Erziehen sie ein, gar zwei Jahre ihr Kind und sitzen nicht in Meetings oder Flugzeugen, ist die Karriere vorbei, und die Erwerbsbiographie bekommt einen Knick. Nach einer Scheidung droht ein tiefer Sturz. Basteln sie trotz Kindern weiterhin fleißig an ihrer Karriere, setzen sie sich einer Doppelbelastung aus, die das unzureichende Kinderbetreuungssystem nicht auffangen kann.

Die vielgerühmte freie Gestaltungsmöglichkeit unseres Lebens erweist sich für Frauen, die sich eine Familie wünschen, in der sozialen Wirklichkeit als Hohn. Sie können, überspitzt formuliert, zwischen Skylla und Charybdis wählen. Egal, wofür sich eine Mutter entscheidet, sie fühlt sich schuldig.

Das Institut Finanzen und Steuern warf der Bundesregierung Anfang des Jahres vor, sie betreibe »Familienpolitik mit der Gießkanne«. Sie gibt zwar sehr viel Geld aus, doch der Ertrag ist nicht der Rede wert, die Geburtenrate liegt hierzulande bei 1,36. Die familienpolitischen Maßnahmen, die selbst Experten nicht durchschauen, weil es mehr als 150 davon gibt, helfen jenen, die sie am dringendsten benötigen, kaum. Bis zum 18. Lebensjahr summieren sich die öffentlichen Ausgaben für Ausbildung und Familienpolitik auf 146 000 Euro. Der OECD-Schnitt liegt bei etwa 124 000. Warum zum Beispiel leben trotzdem etwa 10 Prozent der Kinder in Deutschland unterhalb der Armutsgrenze? Weshalb haben auch Familien einen Anspruch auf Kindergeld, die 230 000 Euro Jahresgehalt verdienen? Das Ehegattensplitting: Es begünstigt das Verheiratetsein, nicht das Kinderhaben – und es begünstigt Paare, bei denen einer arbeitet, der andere nicht, was die wenigsten wollen und sich die meisten gar nicht leisten können. Über ein Drittel der Splitting-Vorteile freuen sich ohnehin kinderlose Ehepaare und solche, deren Kinder bereits ausgezogen sind und arbeiten. »Im Interesse der Kinder müssten wir junge Eltern stärker fördern als alte, aber das Splitting wirkt eher in die andere Richtung«, sagte der Familiensoziologe Hans Bertram.

Aber vertritt die Familienpolitik überhaupt die Interessen der Kinder? Liest man den »7. Familienbericht«, glaubt man das Gegenteil. Er plädiert für eine Entdramatisierung der Scheidung (»zukunftsorientiert«). Eine Scheidung bedeutet nicht das Ende der Familie, sie bedeutet nur, dass die Familie tiefgreifend reorganisiert werde. »Aus der Kernfamilie entwickelt sich ein ›binukleares Familiensystem‹. Beide Eltern teilten sich ihre Verantwortlichkeit und in gewissem Umfang ihre Aufgaben. »Kritische Lebensereignisse bringen (...) Veränderungen auf verschiedenen strukturellen Ebenen der Familie mit sich und wirken sich nicht nur negativ auf die Einzelperson und das System der Familie aus, sondern sie beinhalten gleichzeitig die Chance, Beziehungen und die Lebenssituation neu und oftmals für alle Beteiligten befriedigender zu organisieren.« Der Bericht vermerkt zwar, dass Kinder eine Scheidung nicht unversehrt überstehen, aber das ist ein Randaspekt. Tatsächlich verharmlost der Familienbericht das Zerbrechen der Familie. Das ist ganz im Sinne Ulla Schmidts

(2001 bis 2009), die während einer Wahlkampfveranstaltung sagte: »Familie ist, wenn alle aus demselben Kühlschrank essen.«

Im Zusammenhang mit dem »8. Familienbericht« liest man auf der Seite des Familienministeriums folgende Sätze der Ministerin Kristina Schröder: »Zeit ist die Leitwährung moderner Gesellschaftspolitik. Eltern brauchen Zeit, um ihre Kinder ins Leben zu begleiten, und sie brauchen Zeit, wenn Angehörige Unterstützung benötigen oder pflegebedürftig werden. Aus dem Ravensburger Elternsurvey 2010 wissen wir: Der Wunsch nach mehr Zeit für Familie rangiert weit vor dem Wunsch nach mehr Geld oder nach besserer Kinderbetreuung. Ob Familien zusammenhalten, ob Eltern und Kinder füreinander da sein können, ist in erster Linie eine Frage der Zeit.«

Das klingt vernünftig. Es klingt aber auch nach einer völlig anderen Welt, jedenfalls solange man unter Eltern Mutter und Vater versteht. Bisher üben sich die Mütter in Entsagung. »Sie verzichten«, schreibt Iris Radisch, die sich in ihrem lesenswerten Buch *Die Schule der Frauen* für Familienzeit stark macht, »in überwältigender Mehrzahl zumindest auf die Hälfte ihrer Arbeitsstelle, auf die Hälfte ihrer Rentenansprüche, auf die Hälfte ihrer beruflichen Entwicklung. Und ganz nebenbei auch noch auf die Hälfte ihres Gehaltes.« Sie haben keine Lobby.

Viele Frauen, sagte Richard Oetker einmal in einem Interview, wollten, wenn sie nach der Kinderpause zurückkehrten, in der Regel halbtags arbeiten. »Und wenn das so ist, ist die große Karriere einfach nicht möglich.« So sei das nun mal. Auf die Idee, dass Frauen, sobald die Kinder zur Schule gehen, möglicherweise noch Karriere machen wollen, kommt der geschäftsführende Gesellschafter von Oetker nicht. Als sei man mit vierzig, fünfundvierzig oder fünfzig zu alt für Erfolg.

Richard Oetker ist keine Ausnahme. Seine Aussage zeigt, wie zementiert der Zusammenhang von Arbeitszeitmustern und Karriereaussichten ist. Dieser Glaubenssatz ist kein Zukunftsmodell, er führt zurück in die Vergangenheit. Die Wirtschaft wird auf die besser ausgebildeten Frauen nicht verzichten und sie weiterhin in den Zwangsstillstand abschieben können, das steht fest.

Wie keine Gesellschaft vorher ist unsere auf die Idee der Paarbindung fixiert. Wir wollen nicht dauerhaft allein leben oder in einer Kommune, auch das Zölibat stellt keine ernstzunehmende Alternative dar. Die Zweisamkeit empfinden wir als hohes Gut, ob in hetero- oder homosexueller Konstellation, aber in Form der seriellen Monogamie.

Bislang konnte die Familie jegliche Zersetzungsbestrebungen abwehren. Sie wandelte sich zwar fortwährend, aber als Lebensform setzte sie sich immer wieder durch, woran auch die Rebellion der Achtundsechziger nichts ändern konnte. In Dieter Kunzelmanns Autobiographie *Leisten Sie keinen Widerstand! Bilder aus meinem Leben* entdeckt man einige Fotos, die verraten, dass sogar der Gründer der Kommune I familialen Symbolen zugetan war. Im Schwabinger Atelier hing etwa ein Lebkuchenplakat an der Wand. Viel erstaunlicher ist aber Kunzelmanns Loblied auf die Eltern, in dem von Entmündigung keine Rede ist: »Die Liebe meiner Mutter und die Aufgeschlossenheit, Liberalität und auch Großzügigkeit meines Vaters trugen dazu bei, daß ich ein ungewöhnliches Selbstbewußtsein und vor allem einen enormen Drang nach Autonomie entwickelt habe (…). Der Grundstein für dieses Leben war in meiner Familie gelegt worden, in der ich Liebe, Sympathie und Toleranz erfuhr.«

Familie, Freunde, das ist laut der aktuellen Unicef-Studie das Wichtigste im Leben von Kindern zwischen sechs und vierzehn Jahren. »Mein Zuhause ist meine Insel, wo mir nichts passieren kann«, sagt ein Mädchen. Die Eltern sind für 97 Prozent ihrer Kinder Wertevermittler, mit ihnen wollen sie ihre Freizeit am liebsten verbringen, beklagen aber deren enge Zeitpläne. Sie sehnen sich nach Vertrauen, Ehrlichkeit, Geborgenheit. Ihre größte Angst ist eine Scheidung der Eltern.

Die *Shell-Jugendstudie 2010* kam zu exakt demselben Ergebnis. Drei Viertel aller Befragten zwischen zwölf und fünfundzwanzig sind überzeugt, in einer Familie ihr Glück zu finden.

Noch nie war der Wunsch von Kindern und Jugendlichen, eine Familie zu gründen, so groß wie heute. Es war aber auch noch nie so schwer, ihn zu verwirklichen.

Damit es so weit kommen konnte, musste viel geschehen. Das Getriebe einer Gesellschaft verändert sich schleichend, und es verändert sich irreversibel, wenn an den entscheidenden Schrauben gedreht wird. Die größte Macht auf Lebensszenarien entfalten Impulse aus der Wirtschaft und Politik, sie beeinflussen den Stellenwert der Familie, die Idee der Kindheit, unsere Arbeits- und Lebenswelt, unsere Vorstellungen und Ideale.

Das geschieht im Augenblick – und die Ruhe, mit der das vor sich geht, ist beunruhigend.

4. Scheidungskinder

An einem Novembertag rief eine Freundin an, die sich länger nicht gemeldet hatte, ihr Mann zog gerade aus der gemeinsamen Wohnung aus. Er hatte eine Frau kennengelernt, mit der er glaubte, glücklich zu werden. Er kannte diese Frau bereits, als er die Freundin heiratete und mit ihr ein Kind zeugte. Aber erst jetzt war er sich seiner Sache absolut sicher.

Die Berliner Wohnung, in der er mit seiner mittlerweile geschiedenen Frau lebte, ist groß und hell, mit Parkett, hohen Decken, Stuck. Auf dem Parkett stapelten sich an jenem Tag Kisten. Zwischen den Kisten krabbelte die sechs Monate alte Tochter. Manchmal blickte sie auf und schaute von der Mutter zum Vater. Der Vater sagte: »Ich will meine Tochter regelmäßig sehen, besonders an den Wochenenden.«

Seither sind einige Monate vergangen. Die Wochenenden verbringt der Vater hauptsächlich mit seiner neuen Freundin. Sein Kind sieht er an zwei Samstagen im Monat und an den Feiertagen. Er sagt: »Für mich ist das gut so.«

Das ist der Unterschied zwischen Müttern und Vätern. Mütter bleiben Mütter. Väter nicht immer Väter.

Eine andere Trennungsgeschichte: Die Mutter kommt nach langem Gebrüll mit dem Vater ins Zimmer der beiden Kinder, die die ganze Zeit besorgt an der Tür gelauscht

hatten, weil ihre Eltern sich eigentlich nie gegenseitig an-
geschrien hatten. Sie sagt: »Wir ziehen aus. Ich lass mich
scheiden.« Vier Wochen später leben sie in einer neuen
Stadt. Die Tochter, eben erst eingeschult, muss die Schule
wechseln.

Oder der Vater, der seine Kinder in den Ferien bei
der Mutter abholt, um mit ihnen 600 Kilometer dorthin
zu fahren, wo er nun wohnt. Um die Befangenheit, die
Fremde am Anfang zu überspielen, spielt er mit seinen
Kindern »Ich packe meinen Koffer«. Das Mädchen spielt
mit, der Junge heult. Er hört nicht auf zu heulen, bis ihn
der Vater nach 200 Kilometern anschreit und umkehrt. Er
bringt die Kinder zurück zur Mutter. Beim Abschied mitten in der Nacht sagt er: »Ich würde jetzt am liebsten gegen den nächsten Baum fahren.«

Oder die Mutter, die einen Nervenzusammenbruch er-
leidet, weil sie allein mit zwei Kindern und der ganzen
Verantwortung dasteht und ihr neuer Mann, der eine alte
Liebe ist, sich nicht entscheiden kann und plötzlich verschwunden ist.

Oder der Vater, der von seiner Frau verlassen wird, weil
sie in Schottland endlich die Liebe gefunden hat und in
Zukunft weder etwas von ihm noch von den drei kleinen
Kindern wissen möchte. Sie gründet eine neue Familie, als
hätte es die alte nie gegeben.

Oder das Mädchen, das seinen Vater und dessen Frau
besucht und im Wohnzimmerregal ein gerahmtes Foto
sieht. Das Foto zeigt ihren Vater mit der neuen Frau, es ist
ein Hochzeitsfoto. Vielleicht ein Irrtum?, denkt das Mäd-

chen. Es wusste nichts von einer Hochzeit. Aber es war kein Irrtum, es war das neue Leben des Vaters. Ein Jahr später fährt das Mädchen mit dem Vater und seiner Ehefrau in den Urlaub, ans Meer, nach Jugoslawien. Man trifft sich auf dem Bahnsteig. Die Frau des Vaters hat einen sehr dicken Bauch.

Jede Scheidungsgeschichte ist traurig, jede erzählt sich anders, und doch sind alle irgendwie gleich. Was bedeuten sie wirklich? Sie bedeuten nichts und alles.

Ein paar Tatsachen: Scheidungskinder werden später beinahe doppelt so häufig geschieden wie Nichtscheidungskinder. Sie neigen stärker zu Depressionen und Jugendkriminalität, die Missbrauchsgefahr von Nikotin, Alkohol und Drogen ist größer. Die Psychologin Judith S. Wallerstein präsentiert eine aufschlussreiche Statistik, der zufolge 25 Prozent der unter Vierzehnjährigen aus Scheidungsfamilien regelmäßig trinken oder Drogen konsumieren. Bei Kindern aus intakten Familien sind es lediglich 9 Prozent. Im Erwachsenenalter ist die Differenz noch eklatanter: 85 Prozent stehen hier 24 Prozent gegenüber.

Auch die Suizidalität ist bei Scheidungskindern erhöht. Eine kanadische Studie aus dem Jahr 2010, an der mehr als 6000 Probanden teilnahmen, ergab, dass Söhne geschiedener Eltern ein dreimal so hohes Selbstmordrisiko haben wie Söhne verheirateter Eltern. Bei den Töchtern lag die Rate doppelt so hoch. Esme Fuller-Thomson von der Universität Toronto, die in der Zeitschrift *Psychiatry Research* die Ergebnisse der Studie darlegte, glaubt, dass einer der

Gründe, weshalb Söhne offensichtlich stärker unter einer Scheidung leiden als Töchter, ihre emotionale Zurückhaltung ist. »Männer reden grundsätzlich weniger mit Freunden oder Verwandten über ihre Empfindungen und Enttäuschungen.« Dieses Internalisieren, das Nichtverarbeiten negativer Gedanken, mache sie auf lange Sicht anfälliger für tiefe Traurigkeit und Depressionen. Ein zweiter Grund sei der abwesende Vater. Kinder geschiedener Eltern werden meistens von ihren Müttern großgezogen. Es fehlt die Vaterfigur als Rollenvorbild und Identifikationsmuster, weshalb Söhne gewissermaßen orientierungslos in ihre Geschlechterrolle hineinwachsen. Die Leerstelle, die ein Vater hinterlässt, kann kein Stiefvater füllen.

Später, in der Schule, haben Scheidungskinder häufiger Schwierigkeiten mit dem Unterrichtsstoff, mit der Aufmerksamkeit, mit Mitschülern oder Lehrern. Sie sind stressempfindlicher, manchmal hyperaktiv oder verschlossen, ihr Immunsystem ist eher schwach. Eine Lehrerin erzählt, dass im Augenblick der elterlichen Trennung oder Scheidung die Leistungen der betroffenen Kinder mit hundertprozentiger Sicherheit schlechter werden, nicht ein einziges Mal ließ die familiäre Situation die Leistungsfähigkeit unberührt.

Jungs, auch das belegen Studien, verhalten sich oft aggressiv, Mädchen aus Scheidungsfamilien werden als Teenager häufiger schwanger als Mädchen aus intakten Familien. Viele Scheidungskinder haben Mühe, ein stabiles Selbstbewusstsein zu entwickeln, sie sind misstrauisch und fürchten Liebesbeziehungen, weil sie schnell das Gefühl überkommt, sich einem Fremden auszuliefern, der den Schutzwall, den sie mühevoll errichtet haben, beschädigen könnte. Die Familie ist der größte Schutzfaktor für die seelische Gesundheit von Kindern und Jugendlichen. Ist sie intakt, verringert sich laut der Bella-Studie des Robert Koch-Instituts Berlin »die Wahrscheinlichkeit für psychische Auffälligkeit stark«.

20 Prozent aller Deutschen erkranken im Laufe ihres Lebens an einer Depression. Scheidungskinder trifft es mehr als doppelt so oft.

Die Behauptung, es gebe auch gute Scheidungen, ist absurd. Die Sozialforscherin Elizabeth Marquardt schreibt: »Alle Schönrederei von Scheidung ist nur dazu da, Eltern ein gutes Gewissen zu machen.«

Für Kinder ist eine Scheidung eine Tragödie. An der grundsätzlichen Haltung, die wir unseren Kindern mit einer Scheidung vermitteln, hat sich seit den achtziger Jahren nichts verändert, auch wenn wir entschlossen sind, das Gegenteil zu glauben.

Es stimmt, dass die negativen Folgen auf die kindliche Entwicklung und das Erwachsenenleben bei Scheidungskindern in den achtziger Jahren, als die Betroffenen von ihrem Umfeld noch stigmatisiert wurden, gravierender waren als heute. Eine Studie von Paul R. Amato und B. Keith belegt allerdings, dass auch heute Kinder, denen eine Scheidung der Eltern erspart geblieben ist, in Bezug auf Selbstbewusstsein, Leistung und Sozialverhalten gegenüber Scheidungskindern im Vorteil sind.

Scheidungskinder wachsen mit der Gewissheit auf, dass nichts von Bestand ist. In jedem Augenblick kann alles auf den Kopf gestellt werden. Die Familie, die ihnen Halt gab, Geborgenheit, Sicherheit, Zuflucht existiert plötzlich nicht mehr, die Kontinuität reißt ab. Sabine Walper von der Universität München fand heraus, dass für die meisten Kinder die Trennung ihrer Eltern unerwartet über sie hereinbricht, dass weder Mutter noch Vater etwas angedeutet hatte. Der Bruch markiert gleichzeitig das Ende der Familiengeschichte. Nichts ist mehr, wie es einmal war. Das ist ein Schock. Mit ihm verlieren Kinder ihr Urvertrauen. Die Behaustheit bekommt einen Riss, der sich nicht kitten lässt, manches Kind wird sich für immer einsam fühlen. Vielleicht ist das die tiefste Wunde, die die Erfahrung des frühen Verlassenwerdens hinterlässt.

Von den zahlreichen Scheidungsmythen, an die wir glauben, um uns unseren Kindern gegenüber weniger schuldig zu fühlen, lautet einer, dass glückliche Eltern glückliche Kinder haben. Sind die Eltern unglücklich in ihrer Beziehung, ist eine Scheidung folglich im Interesse des Kindeswohls. Tatsächlich ist Kindern ziemlich egal, wie sehr die Eltern einander lieben und begehren, ob sie womöglich viel lieber neben einem anderen Menschen einschlafen oder sich noch einmal wie ein Teenager verlieben möchten. Ihnen ist es am wichtigsten, dass alles so bleibt, wie es ist, dass beide für sie da sind, gemeinsam.

»Two Parents, Even Unhappy, Are Better« (Zwei Eltern sind besser, auch wenn sie unglücklich sind) lautet der Titel einer Studie von Paul Amato und Alan Booth. Das Ergebnis: Höchstens ein Drittel aller geschiedenen Paare waren derart verfeindet, dass auch den Kindern die Trennung gut bekam. Bei den verbleibenden 70 Prozent war die Scheidung traumatisch.

Ein weiterer Mythos beruht auf der Annahme, dass eine Scheidung die Kinderseele zwar erschüttert, aber nicht auf lange Sicht prägt. Das Kind wird bald neue Zuversicht fassen, über die Trennung der Eltern hinwegkommen, wie es auch über die Windpocken hinweggekommen ist. Krisen, reden wir uns ein, müssen bewältigt und als Herausforderung akzeptiert werden, das festigt die Psyche, man wächst innerlich. Unsere Kinder halten wir für extrem anpassungsfähig, als seien sie widerstandsfähige Pflanzen, die man bedenkenlos einige Zeit sich selbst überlassen kann, ohne dass sie sofort eingehen. Solange man das Sorgerecht, die Unterhaltszahlungen und Besuchszeiten freundschaftlich aushandelt, fällt kein Kind tief. Der eigene Blick richtet sich hoffnungsfroh in die Zukunft; dieses Gefühl wird das Kind gewiss bald teilen.

Erwachsene mögen eine Scheidung als Befreiung erleben. Kinder erleben sie als Albtraum. Während für die einen ein neues Leben beginnt, trauern die anderen dem alten nach.

»Wenn sie sich als Erwachsene an ihre Kindheit erinnern, werden sie nicht an gemeinsame Feiern und Feste denken, sondern an Einsamkeit, Traurigkeit und Wut«, schreibt Wallerstein. Das Kind wird sich auch an die Flugreisen erinnern, die es mit sieben Jahren alleine absolvieren musste, um den Vater oder die Mutter zu besuchen.

»Und es ist der Umstand, dass man nicht frei über seine Zeit verfügen konnte, dass man sich vorkam wie ein Mensch zweiter Klasse, verglichen mit den Freundinnen und Freunden, die in intakten Familien lebten und ein Wort mitreden durften, wenn es darum ging, was am Wochenende und in den Ferien unternommen werden sollte.«

Dass Wallersteins Studie in Amerika durchgeführt wurde, wo sich die Forschung schon sehr viel früher als in Deutschland den Scheidungsfolgen zuwandte, ändert nichts an der Aussagekraft der Ergebnisse. Das Besondere an dieser Studie ist deren Dauer. Wallerstein befragte über ein Vierteljahrhundert hinweg 131 Kinder geschiedener Eltern. Die Generation der ersten großen Welle von Scheidungskindern ist jetzt erwachsen. Wie fühlten sie sich fünf, wie zehn Jahre nach der Scheidung? Wie fühlten sie sich in ihrer Pubertät und wie heute? Warum lieben sie, wie sie lieben? Und warum misslingen ihre Beziehungen häufiger als die von Menschen aus intakten Familien?

Scheidungskinder sind Manager ihrer Gefühle. Wessen Vater oder Mutter hunderte von Kilometern entfernt lebt, kann sich nicht dienstags einen Gutenachtkuss wünschen und am falschen Wochenende fragen, ob man gemeinsam in den Zoo geht. Man muss warten. Freilich ist auch in intakten Familien nicht jeder Kinderwunsch automatisch erfüllbar, und er soll das ja auch gar nicht sein – aber zumindest sind die meisten Wünsche nicht von vornherein ausgeschlossen.

Scheidungskindern bleibt nichts anderes übrig, als ihre

Bedürfnisse und Gefühle wie Heimweh und Einsamkeit zu unterdrücken. Den strikten Zeitplan, dem sie ihre Empfindungen unterwerfen, entwerfen nicht sie selbst, sondern ihre Eltern. Gut möglich, dass Scheidungskinder vorgeben zu weinen, weil ihr Bauch schmerzt, tatsächlich vermissen sie den fernen Elternteil, doch diese Wahrheit würde den Stiefvater/die Stiefmutter verletzen, und das will das Kind nicht. Es zieht sich in sich selbst zurück, damit sein Kummer niemanden belastet.

Sensible Kinder ertragen traurige Eltern nicht, als trügen sie selbst die Verantwortung für deren Tränen. Manche machen solche Situationen zu »Versorgerkindern«. Mädchen sind dafür besonders anfällig. »Viele junge Mädchen füllen freiwillig das Vakuum, das Eltern hinterlassen, die nach einer Scheidung einen emotionalen und manchmal auch psychischen Zusammenbruch erleiden«, schreibt Wallerstein.

Wodurch zeichnet sich ein »Versorgerkind« aus? Es sieht seine Aufgabe darin, das Leben der Mutter oder des Vaters am Laufen zu halten, der Alltag muss funktionieren, als wäre nichts geschehen. Es ist Mentor, Vertrauter, Ratgeber, je nachdem, in welcher Funktion es am meisten gebraucht wird. Sein Sich-Kümmern ist grenzenlos: Es tröstet, kocht, erledigt Einkäufe, achtet auf die Geschwister. Nach und nach verwischen sich die Grenzen zwischen den Generationen, irgendwann haben sich die Rollen komplett vertauscht.

In einem Blog erzählte eine junge Frau, wie die Scheidung ihrer Mutter den Boden unter den Füßen weggezogen hat; sie selbst war damals neun, ihr Bruder sieben. Die Augen der Mutter waren jeden Morgen verquollen, sie schlurfte durch die Wohnung, vernachlässigte ihr Äußeres. An ein gemeinsames Frühstück, an irgendetwas Gemeinsames war nicht zu denken. Die Mutter war ganz mit sich selbst beschäftigt. Das Mädchen musste über Nacht erwachsen werden. Es stellte den Wecker, machte ihrer Mutter das Frühstück, drängte sie, ins Büro zu gehen, sie sollte ihre halbe Stelle nicht verlieren. Den Bruder versorgte das Mädchen mit. Früher war sie eine hervorragende Schülerin, jetzt wurde sie eine miserable. Früher hatte sie viele Freunde, jetzt blieb ihr dafür keine Zeit mehr. Die Vorstellung, sie sei der einzige Mensch, der die Mutter vor dem Untergang bewahren, sie retten könne, setzte sich in ihren Gedanken fest. Nach ebendiesem Muster wählte sie später ihre Partner aus, versagte sich selbst jedes Bedürfnis, worin sie ja geübt war, gab sich für den anderen auf und fühlte sich unglücklich. Bis sie wirklich verstand, warum sie tat, was sie tat, bis sie den Mut aufbrachte, aus ihrem Korsett auszubrechen. Kein Mensch ist ein determiniertes Wesen, niemand ist nur ein Opfer der Vergangenheit und der Zukunft aufgrund seiner Geschichte ausgeliefert.

Die Dämonen der Kindheit können die Dämonen des Erwachsenenlebens sein, sie müssen es aber nicht bleiben.

In seinem Buch *Die Liebe der Väter* schreibt Thomas Hettche: »Tatsächlich haben mich Frauen, die ohne ihren Vater aufgewachsen sind, immer am meisten beeindruckt, sind sie doch oft auf eine klare Weise rational, der man anmerkt, dass sie sich die Rationalität ihrer Väter selbst

haben erfinden müssen.« Zur Nüchternheit, zur Gefühls-
rationalität sind sie viel zu früh erzogen worden.

Diese Nüchternheit hat auch ihre guten Seiten. Scheidungskindern wird eine frühe Reife und große Selbstän-
digkeit nachgesagt. Wer sich in jungen Jahren selbst retten musste, wird es im Zweifelsfall wieder tun, anstatt sich
darauf zu verlassen, dass ihm jemand hilft. Das Wissen
um die eigene Kraft trägt einen über vieles hinweg. Es ist
nicht so, dass die Angst zu fallen verschwunden wäre, aber
sie verliert ihre Macht. Das leise Unbehagen, das bleibt,
integrieren Scheidungskinder in ihr Gefühlsleben.

Trotzdem leben Scheidungskinder in einem Parallel-
universum, von dem sich Kinder aus intakten Familien
keine Vorstellung machen. Scheidungskinder haben einen
Elternteil verloren. »Die seelische Belastung für die Kinder
ist dabei manchmal größer, als wenn der Vater oder die
Mutter stirbt«, sagt Tobias Banaschewski. Das klingt un-
vorstellbar. Und es klingt unerhört. Aber es leuchtet ein.
Im Todesfall bleiben das positive Vater- oder Mutterbild
und die Liebesbeziehung der Eltern zueinander bestehen.
Dem Kind stellt sich nicht die fundamentale Frage: »Bin
ich schuld?« Die Schuldfrage ist gleichzeitig die Liebes-
frage: »Liebt er/sie mich nicht genug?« So muss es sein,
glaubt das Kind, sonst wäre er/sie nicht gegangen. Was
bleibt, ist die Kinderfrage; die Frage nach dem »Warum«.

Einigermaßen zynisch ist die Bemerkung der Deutschen Bahn, für Kinder gebe es wohl nichts Schöneres als
die erste Reise ohne Eltern. Das mag stimmen, wenn man
mit seiner besten Freundin ins Ferienlager nach Juist fährt.

Das Pendeln zwischen Mutter und Vater bedeutet: Koffer ein- und auspacken. In einem fremden Bett schlafen. Menschen begegnen, die plötzlich zur Familie gehören, was großartig sein kann oder fürchterlich. Acht geben, den Vater nicht versehentlich beim Namen des Stiefvaters zu nennen. Unterschiedliche Erziehungsstile. Eine Stiefmutter, die nackt über den Flur ins Ankleidezimmer läuft, während die eigene Mutter stets peinlich berührt ihren Körper verhüllt. Ein Stiefvater, der im Schlafanzug frühstückt und auch sonst keine Manieren hat. Stiefgeschwister, die um Liebe und Aufmerksamkeit konkurrieren. Eltern lieben ihre eigenen Kinder naturgemäß am meisten. Die nichtverwandten Kinder spüren, dass sie gegen diesen biologischen Mechanismus absolut chancenlos sind, ohne zu wissen, weshalb. Zurückgewiesen werden ist eine brutale Erfahrung. Für Kinder ist sie besonders brutal. Sie beziehen die Ablehnung ganz allein auf sich, weil sie die Zusammenhänge in ihrer Gesamtheit und ihrer Wucht nicht begreifen. Wahrscheinlich ist die Liebe eines Kindes die aufrichtigste Liebe überhaupt. Diese Bedingungslosigkeit des Liebens fordert das Kind zurück.

Die Frage, ob man seine Mutter oder seinen Vater sympathisch findet, stellt sich einem Kind nicht. Die Frage, wie es sich mit dem Stiefvater, der Stiefmutter verhält, schon.

Pendeln bedeutet ewiges Abschiednehmen. Unmöglich, sich daran zu gewöhnen. Auf Bahnsteigen stehen, die Uhr anstarren, in der Hoffnung, der Zug möge sich verspäten, ausfallen – oder früher einfahren. Hoffen, dass etwas geschieht. Aber es geschieht nichts. Der Zug kommt, man steigt ein. Die Beziehung, die man eben noch für einige Tage aufgewärmt hat, muss wieder abkühlen. Bei der nächsten Begegnung wird die Vertrautheit von neuem verhandelt. Fragt man Scheidungskinder, welches Fest sie am meisten fürchten, antworten sie: Weihnachten. Weihnachten stürzt sie jedes Jahr in dieselben Konflikte. Sie kennen zwei Weihnachten, das vor der Scheidung und das danach. Mit wem sollen, wollen sie das Fest, das für Kinder wenig mit Christentum und viel mit Familie zu tun hat, feiern? Mit der Mutter? Dem Vater?

Manchmal verbringen geschiedene Eltern Heiligabend gemeinsam unter einem Weihnachtsbaum, der Vater schneidet die Gans mit einem Gesichtsausdruck an, als wäre alles gut, und zieht sich später ins Gästezimmer zurück. Wie die Schweigers in der *Bunten* spielen manche Eltern mit ihren Kindern Weihnachtsfest.

»Papa, wer bist du?«, unter diesem Titel schrieb eine Tochter in der Zeitschrift *Emotion*: »Die erste große Scheidungswelle der Achtundsechziger-Generation überflutete auch unsere Villa in Hamburg und ließ mich mit einer alleinerziehenden Mutter plus gerade geborener Schwester zurück. Es folgten Jahre der krampfigen Wochenendtreffen, in denen mir mein Vater von Mal zu Mal fremder wurde. (…) Heute sehe ich ihn nur noch alle paar Jahre. Ich studiere sein Gesicht, seine Hände, versuche mich in ihm zu erkennen, ein Gefühl zu fühlen – aber es passiert nichts. Er ist 69, ich bin 43, und irgendwann im Laufe der Jahre, schleichend, aber stetig haben wir uns verloren.«

Um zu wissen, was unwiederbringlich heißt, muss man es erlebt, etwas Bedeutsames verloren haben. Die Liebe, die Scheidungskindern abhanden gekommen ist, ist nicht zu kompensieren. Ganz gleich, zu welchem Erfolg sie ihr Ehrgeiz später treibt, ob sie ein Unternehmen leiten, Krankheiten erforschen, Urteile fällen, ein Haus auf dem Land besitzen – die Anerkennung, die sie nicht erfahren haben, erfahren sie nie mehr, von dieser Sehnsucht müssen sie Abschied nehmen.

Das Band zwischen zwei Menschen, die ihre Gefühle permanent kontrollieren, wird mit der Zeit porös. Möglicherweise reißt es.

Die Empfindungen eines Vaters oder einer Mutter, die ihr Kind selten sehen, verändern sich zwangsläufig, sie flauen ab, und es ist zwecklos, dagegen anzukämpfen. Zwei Drittel aller Scheidungskinder verlieren im Laufe ihres Lebens den Kontakt zum Vater. Wer sein Kind nicht aus der Nähe aufwachsen sieht, schließt sich aus, und die Gefühls- und Gedankenwelt des Kindes erscheinen ihm als Rätsel. Das Kind fühlt umgekehrt genauso. Das ist seine Art, sich zu schützen. Therapeuten sprechen in diesem Zusammenhang vom *Parental Alienation Syndrome*, dem elterlichen Entfremdungssyndrom.

Nähe entwickelt sich, indem man am Leben eines anderen Menschen teilhat. Aus Alltagserlebnissen entwickeln sich gemeinsame Geschichten, es entstehen sentimentale Bezüge. Auf Dauer ist alles andere der Ausnahmezustand.

Judith Wallerstein stellte in ihrer Langzeitstudie fest,

dass geschiedene Väter, unabhängig von ihrer wirtschaftlichen Lage, ihre Kinder finanziell oft im Stich lassen, weil sie sich ihrer neuen Familie gegenüber stärker in der Pflicht fühlen. Trotz der Blutsverwandtschaft würden manche Väter ihre Kinder nicht als ihre moralischen oder sozialen Erben betrachten. Sie beugen sich zwar der gesetzlichen Verpflichtung, sich an der Versorgung ihrer Kinder zu beteiligen, aber diese Verpflichtungen enden mit dem achtzehnten Geburtstag. Für das Studium zahlen sie zähneknirschend oder gar nicht. Die Erinnerungen an die Vergangenheit sind schmerzlich, eine gemeinsame Gegenwart fehlt, wahrscheinlich fühlen sie sich deshalb für die Zukunft ihrer Kinder nicht verantwortlich.

Scheidungskinder studieren seltener, tun sie es, brechen sie ihr Studium häufiger ab, oft aus finanzieller Not. Für ihre beruflichen Möglichkeiten, ihr Einkommen, ihre Karrierechancen hat das Konsequenzen. Die bittende Frage nach Unterstützung für das Studium und das Stöhnen des Vaters am Telefon bleibt Scheidungskindern unvergessen.

Eine Urlaubsszene: Büsum. Für einen Sommer war es viel zu kalt, und es regnete unentwegt. Nie riss die Wolkendecke auf. In die kleine Ferienwohnung am Strand, die die Familie gemietet hatte, fiel dünnes Licht. Das Kind, ein Mädchen, kletterte dauernd auf den Schoß des Vaters. Es sprach nicht, nicht mit der Mutter, nicht mit dem Bruder. Es sprach nur mit dem Vater.

Die Beziehung zwischen Vätern und Töchtern wurde lange Zeit unterschätzt. Dabei ist sie besonders. Der Vater ist der erste Mann im Leben einer Tochter, er prägt ihr Männerbild und ist das Korrektiv zur Mutter, die mit dem Kind von Beginn an eine Einheit bildet. Aus dieser Symbiose löst sich das Kind im Laufe der ersten ein, zwei Jahre, hin- und hergerissen zwischen Bindungswünschen und Autonomiebestrebungen. Es lernt laufen, sprechen, es beginnt, sich zu orientieren, und sammelt Erfahrungen. Der Prozess der Abspaltung beginnt, das Kind durchlebt die erste Trennungskrise. Die Aufgabe des Vaters innerhalb der Dreieckskonstellation ist es, diese Krise abzufedern und Selbstvertrauen zu vermitteln. Während die Abhängigkeit von der Mutter kontinuierlich abnimmt, wird die Beziehung zum Vater wichtiger. Er verkörpert die schützende Figur, die die Familie versorgt. Das ist seine symbolische Bedeutung.

»In der ersten ödipalen Phase um das vierte bis fünfte Lebensjahr herum und noch einmal in der zweiten ödipalen Phase während der Pubertät ist der Vater außerdem als Identifikationsobjekt unverzichtbar«, schreibt Horst Petri. Durch die Verinnerlichung seines Vorbilds verhelfe er dem Kind zur Integration seiner Triebwelt, zum Aufbau einer sozial adaptierten Ich- und Über-Ich-Struktur und, bei Jungen und Mädchen gleichermaßen, zu einer stabilen psychosexuellen Identifikation. Der Vaterverlust, sagt Petri, sei genauso traumatisch wie der Mutterverlust.

Mit der Behauptung, Vaterlosigkeit sei der schädlichste demographische Trend einer Gesellschaft, provozierte der amerikanische Sozialhistoriker David Blankenhorn nicht nur Radikalfeministinnen. »Ohne Vater aufzuwachsen«, schreibt er, »ist die Hauptursache für die wachsenden sozialen Probleme wie Kriminalität, Teenager-Schwangerschaften und Gewalt gegen Frauen in der Familie.« In Amerika sind uneheliche Schwangerschaften und Scheidungen mittlerweile so weit verbreitet, dass mehr als die Hälfte der Kinder die meiste Zeit ohne Vater aufwächst.

Es war 1963, als Alexander Mitscherlich das Schlagwort von der vaterlosen Gesellschaft aufbrachte, das ursprünglich von Paul Federn stammt, der 1919 sein Werk *Zur Psychologie der Revolution: Die vaterlose Gesellschaft* veröffentlichte.

Millionen von Kindern und Jugendlichen wurden infolge des Zweiten Weltkriegs ohne Väter groß, die waren gefallen oder in Kriegsgefangenschaft. Mitscherlich entwarf das Bild einer Epoche, die allmählich von inneren Auflösungserscheinungen zersetzt wird. Die Vaterrolle hat ihre Legitimation verloren, der Vater wird zum »Schreckgespenst«. Anstelle familiärer Verbindlichkeiten treten anonyme Konstellationen. Die primäre Vaterlosigkeit, so Mitscherlichs düstere Prognose, könnte die Demokratie mit ihrer vernünftigen Gewaltenteilung, mit ihrer Grundlage eines individuellen Selbstbewusstseins zu etwas Imaginärem werden lassen. Die Folgen: Narzisstische Triebäußerungen und neurotische Charaktere werden zur Normalität. Die Aggressivität steigt, die Gleichgültigkeit Mitmenschen gegenüber auch. Karl Korn schrieb damals in der *Frankfurter Allgemeinen Zeitung*: »Individuum und Einrichtungen sind gleichermaßen gefordert und oft überfordert, eine neue Welt zu durchdringen und zu verstehen. Verantwortungen werden ungern übernommen. Man gibt sich einer passiven Konsumhaltung hin. Man wird im gleichen Augenblick, da die gehassten Väter der alten Zeit abtreten, zum Säugling an den Brüsten der zivilisatorischen Versorgung. (…) Die Moral wird opportunistisch.« Dieses Bild trifft mitten in unsere Gegenwart. Wir sind in der vaterlosen Gesellschaft angekommen.

In Deutschland leben laut Statistischem Bundesamt etwa 8 Millionen Familien mit minderjährigen Kindern, wovon fast jede fünfte nur noch aus einem Elternteil besteht, in Großstädten sogar jede vierte. 1996 gab es etwa 1,3 Millionen Alleinerziehende, das ist ein Anstieg von 20 Prozent, wobei die Gesamtzahl der Familien mit Kindern um 13 Prozent zurückgegangen ist. Bezüglich der höheren Dichte Alleinerziehender in Großstädten heißt es im Mikrozensus: »Generell bieten Großstädte eine bessere Infrastruktur. Das breite Angebot an Kinderbetreuung, das dichtere Verkehrsnetz sowie das vielfältige Angebot an Versorgungseinrichtungen stellen insbesondere für Alleinerziehende eine große Erleichterung bei der Organisation ihres Alltags dar.« In neun von zehn Fällen zieht die Mutter ihre Kinder groß, dementsprechend höher ist auch die Vollzeitbeschäftigung Alleinerziehender. Trotzdem sind alleinerziehende Mütter überdurchschnittlich oft von Armut betroffen und auf Transferleistungen angewiesen, auf Hartz IV oder andere Sozialunterstützungen. Erziehungshilfen der Jugendämter nehmen sie häufiger in Anspruch.

»Von der Scheidungsindustrie, die mit den neuen sozialdemokratischen Scheidungsgesetzen von 1973 erst richtig in Schwung kam, ist ein unglaublicher Verarmungsschub ausgegangen. Der Staat muss mit Milliarden einspringen«, schreibt Matthias Matussek in seinem Buch *Die vaterlose Gesellschaft.*

Obwohl dauernd von den neuen Vätern die Rede ist, sind die maskulinen Eigenschaften der Vaterfigur offensichtlich überflüssig geworden. Das neue Bild, in das der Vater hineingepresst wird, zeigt ihn als zweite Mutter, ein geschlechtsneutrales Wesen, das sich, wenn es in die Vater-Kind-Gruppe geht, einen Babybjörn umschnallt und zur rosafarbenen Tasche seiner Frau greift, in der die Hipp-Gläschen, die Feuchttücher und geschälte Äpfel verstaut sind. Seitdem zwei Menschen den Nachwuchs bemuttern, kann der eine seine Männlichkeit an der Garderobe abgeben.

Mädchen brauchen für die eigene Weiblichkeit den Vater als Spiegel.

In den ersten Monaten, das hat die Bindungsforschung eindrucksvoll nachgewiesen, entstehen tiefe Bindungen, zu Mutter und Vater, der eben nicht erst dann eine wichtige Funktion übernimmt, wenn er mit seinem Kind Fußball spielen kann.

Trotz der eindeutigen Belege gibt es nach wie vor noch genügend Stimmen, die beharrlich behaupten, jeder Vater sei ersetzbar, egal, ob durch einen Stiefvater, einen Samenspender oder eine zweite Mutter.

Die Regisseurin Lisa Cholodenko wählte für ihren Film *The kids are all right* die Zwei-Mütter-Variante und übersetzte die idyllische Vorstellung eines gleichgeschlecht-lichen Haushalts in Bilder. Nic und Jules lieben sich, sie wollen Kinder, ohne mit einem Mann zu schlafen, wes-halb sie auf das Angebot einer Samenbank zurückgreifen müssen. Sie haben ein glückliches Händchen: Die Kinder entwickeln sich prächtig, die lesbischen Eltern irritieren sie nicht, in einer Beziehung kann auch die Frau die Ho-sen anhaben und die Vaterrolle besetzen. Die Ideologie dahinter: Das Geschlecht ist bloß eine gesellschaftliche Konstruktion, Mutter und Vater sind wählbare Rollen. Ir-gendwann erwacht bei den Kindern doch das Bedürfnis, die eigenen Wurzeln zu entdecken. Die Frage, wo komme ich her, ist existenziell. Sie suchen ihren Vater. Klar, dass auch dieser Schritt bewältigt wird.

Die Feministin Karla Mantilla sagte in einem Interview: »Ich zweifle sehr daran, dass Kinder ein männliches Rol-lenvorbild benötigen. Die Propaganda, dass Kinder, be-sonders Jungen, Väter benötigen, hat meiner Meinung nach in unberechenbarer Weise zum Leid von Kindern in aller Welt beigetragen.«

Jungen, die ohne Vaterfigur aufwachsen, auch das ist vielfach bewiesen, orientieren sich entweder am Weib-lichen und passen sich an oder überkompensieren ihre männliche Identität. Hollywood hat schon vor einiger Zeit das Milliardengeschäft mit der Vaterlosigkeit entdeckt und schöpft es nun aus. Seine »vaterhungrigen« Kinohel-den heißen John Connor (*Terminator*), Luke Skywalker (*Krieg der Sterne*) oder Neo (*Matrix*). Sie kämpfen gegen bru-tale Maschinen und verlassen das Feld nur deshalb als stolze Weltretter, weil ihnen starke Männer zur Hilfe eilten. Die Ersatzväter »stellen den Sieg über die mächtigen Verfolger und die Initiation der Jungen in die Männerwelt sicher«, schreibt Matthias Franz. So sieht Hollywoods »medial vermittelte Massentriangulierung« für vaterlose Zuschauer aus.

Und die Töchter?

Töchter spielen mit ihren Vätern. Zu diesem Spiel gehört das Kokettieren und Um-den-Finger-Wickeln, das Werben um Aufmerksamkeit und Anerkennung. Die Tochter testet am Vater weibliche Muster, sie dreht ihre Haare, zieht einzelne Strähnen durch den Mund, lächelt, legt den Kopf schief, was ein Junge nie tun würde. Sie entwickelt Taktiken, indem sie seine Reaktion auf ihr Verhalten beobachtet, so findet sie heraus, wie sie ihr Ziel am besten erreicht. Das Mädchenhafte entfaltet seine Wirkung. Töchtern gegenüber sind Väter fürsorglicher, zärtlicher, sie gehen weniger streng und rauh mit ihnen um als mit Söhnen, was die Töchter in ihrer Geschlechterrolle bestärkt.

Bei Müttern ist das anders. Sie unterscheiden nicht nach dem Geschlecht ihrer Kinder und verhalten sich Söhnen und Töchtern gegenüber auf weibliche Weise.

Der Vater, schreibt Erich Fromm, repräsentiere die Welt des Denkens, die Welt der von Menschen geschaffenen Dinge, Gesetz, Ordnung und Disziplin. Und die Welt der Reisen und Abenteuer. Er fördert den Erkundungsdrang, die Risikobereitschaft, den Mut des Kindes. Er weiß, wie man ein Baumhaus baut. Er nimmt einen zum Rafting mit. Er kann Autos reparieren und Felswände hochklettern. Droht Gefahr, wird er einen retten. So idealisiert ein Kind den Vater. »Der Vater ist derjenige, der das Kind lehrt, der ihm den Weg in die Welt weist.«

Der Vater versöhnt die Tochter mit dem Fremden.

Bei einer Scheidung ist der Vater der erste Mann, der seine Tochter verlässt. Natürlich kommt es vor, dass das Fortgehen die Rettung für Kind und Mutter bedeutet, weil der Vater getrunken, sie missbraucht oder geschlagen hat. Aber das sind die Ausnahmen.

Die Mutter mag sich in einen neuen Mann verliebt, sich für ein Leben mit ihm entschieden haben, das Kind hat bereits einen Vater und nicht das Bedürfnis, diesen gegen irgendjemanden auszutauschen. Ihm gefällt die Überschaubarkeit, in die es hineingeboren wurde. Ein strukturiertes Leben mit eingespielten Abläufen vermittelt Sicherheit.

Bei der Wahl des Stiefvaters durfte das Kind weder behilflich sein noch wurde es nach seiner Meinung gefragt. Bis zuletzt hoffen Kinder, dass ihre Eltern wieder zusammenfinden und am Ende wie im *Doppelten Lottchen* alles gut wird.

Der Auftritt des Stiefvaters besiegelt jedoch die Scheidung der Eltern.

Auch aus diesem Grund haben es Stiefväter extrem schwer. Das Herz eines Kindes zu erobern ist für sie beinahe unmöglich. Wie die Stiefmutter ist auch der Stiefvater kein Wahlverwandter, sondern zuallererst ein Störenfried, der sich zwischen das Kind, den leiblichen Vater und die

Mutter drängt und vielleicht mit Schuld daran trägt, dass die Familie zerbrochen ist. Die Loyalität, die ein Kind seinem Vater gegenüber empfindet, gerät nicht leicht ins Wanken, da kann der Stiefvater ein noch so phantastischer, großzügiger Kerl sein. In dieser Hinsicht sind Kinder unbestechlich. Von manchen Vätern, die auf ihre Nachfolger schimpfen, zusätzlich manipuliert, haben sie für den neuen Mann der Mutter nur Verachtung übrig. Es missfällt ihnen, dass der Stiefvater, vor allem in der Anfangszeit, einen Großteil der Zuneigung der Mutter auf sich zieht. Die setzt verständlicherweise alles daran, ihr Leben wieder auszukosten, froh zu werden. Mit dem neuen Menschen an ihrer Seite möchte sie möglichst viel Zeit verbringen. Der Stiefvater ist ein Nebenbuhler. Bei einem Streit zwischen Mutter und Kind kann er selten vermitteln.

Kinder Alleinerziehender tendieren mitunter ein Leben lang dazu, Konflikte zu vermeiden. Um des lieben Friedens willen ducken sie sich lieber weg, als einen weiteren Verlust zu riskieren. Sie leben in Hab-acht-Stellung. Die Gefahr, dass sie am Ende allein dastehen, dass ihnen niemand mehr den Rücken stärkt, erscheint Scheidungskindern infolge der Ereignisse real, auch wenn es irreal ist. Für spätere Liebesbeziehungen ist das keine gute Voraussetzung. Was sie am Verhalten ihres Partners ärgert, ihr Unwohlsein, unterdrücken Scheidungskinder gewohnheitsgemäß so lange, bis es unerträglich wird. Eine Nichtigkeit reicht dann aus, und ihr aufgestauter Zorn bricht unvermittelt über den Partner herein, der irritiert zurückbleibt, ahnungslos, weshalb ihm der andere so zusetzt – und wie ein verschrecktes Tier die Flucht ergreift.

Und da ist die Frage der Autorität. Welche Rechte hat der Stiefvater? Darf er sich in die Erziehung einmischen, Verbote aussprechen, loben, tadeln, trösten? Darf er zum Elternabend in die Schule gehen oder abfällig über den neuen Freund der Tochter sprechen? Darf er dem Sohn das Mofafahren verbieten? Was steht einem Stiefvater zu und was dem abwesenden Vater?

Es gibt einen Satz, den jeder Stiefvater zu hören bekommt: »Du hast mir gar nichts zu sagen, du bist nicht mein Vater.« Dieser Satz ist nicht unberechtigt. Kein Kind kann wissen, wie lange der Stiefvater bleibt, ob er mehr ist als ein weiterer Lebensabschnittsgefährte in der Liebesbiographie der Mutter. Im Stiefvater sieht das Kind keine feste männliche Bezugsperson. Ist er tatsächlich wieder fort, bewahrheitet sich das Sprichwort »aus den Augen, aus dem Sinn«. Zumindest für den Stiefvater. Es sind schließlich nicht seine eigenen Kinder, die zurückbleiben, weshalb er ihnen gegenüber keinerlei gesetzlich geregelte Verpflichtungen hat, nur moralische. Die Kinder, ob sie für den Stiefvater weniger Zuneigung empfanden oder mehr, leiden erneut. Man könnte annehmen, sie stumpften vielleicht ab, daran gewöhnt, dass Menschen kommen und gehen, auch eine Waschmaschine tauscht man nach einiger Zeit aus. Sie stumpfen aber nicht ab. Jeder Partnerwechsel erinnert das Kind an den Schmerz der Vergangenheit, als wäre er eben erst geschehen. Je mehr solcher Situationen es erlebt, desto mehr wird seine Psyche eventuell dauerhaft beschädigt. Die Wirkung der aufeinanderfolgenden Verluste ist kumulativ.

Die Geschichte der Eltern ist mit der Geschichte ihrer Kinder untrennbar verknüpft.

Im August 2010 fällte das Bundesverfassungsgericht eine Entscheidung, die in den meisten europäischen Ländern bereits lange Realität ist: Bei unverheirateten Eltern wird das Sorgerecht in Zukunft nicht mehr automatisch der Mutter zugesprochen. In Paragraph 1684, Absatz 1 des Bürgerlichen Gesetzbuches heißt es nun: »Das Kind hat das Recht auf Umgang mit jedem Elternteil; jeder Elternteil ist zum Umgang mit dem Kind verpflichtet und berechtigt.« Dieser Satz markiert das Ende des mütterlichen Exklusivrechts. Zwischen den Zeilen verbirgt sich aber auch der Hinweis, dass Väter für ihre Kinder unverzichtbar sind. Viel zu lange waren sie dem Wohlwollen ihrer Expartnerinnen ausgeliefert, denen es manchmal am liebsten war, wenn die Väter Alimente zahlten, ansonsten aber aus dem Kinderleben verschwanden. Das Kind war die Waffe der Mutter, mit ihm konnte sie sich rächen. Mal war ein gemeinsamer Urlaub geplant, da erkrankte das Kind plötzlich einen Tag vorher, mal rief der Vater am Wochenende an, um mit dem Sohn über die Fußballergebnisse zu plaudern, und die Mutter ignorierte das Klingeln. Psychologen sprechen von *maternal gatekeeping*.

Vor zwei Jahren drehte Douglas Wolfsperger den umstrittenen Dokumentarfilm *Der entsorgte Vater*. Er porträtiert darin fünf nicht gerade sympathische Männer, die nach der Trennung von der Mutter ihr Kind weiterhin sehen wollen, aber nicht dürfen, weil ihnen die Expartnerin den Umgang verweigert. Einer dieser Väter ist Douglas Wolfsperger selbst. Er fühle sich wie auf einem Abstellgleis, fassungslos, sein Kind nicht sehen zu können. Die Mutter will die Vergangenheit, so weit sie kann, auslöschen, dazu gehört auch Wolfsperger. In einer Szene sagt er: »Ich habe ihr großen Schmerz zugefügt, aber warum verliert meine Tochter mich deshalb als Vater?« Jahrelang sieht er sie nicht. Eines Tages erhält er einen Brief von ihr: »Hallo Douglas. Ich mag Dich nicht. Ich will Dich nicht sehen. Ich will nichts mit Dir unternehmen. Ich will nicht, dass das Gericht mich dazu zwingt.«

Das neue Sorgerecht hat die Willkür beendet. Traurig ist, dass es so weit kommen musste.

Erich Fromm hat recht: Die Liebe muss erlernt werden. Vor der Übung steht das Studium, zum Beispiel das der Eltern als Liebespaar. Die Mutter und der Vater sind das erste Liebespaar im Leben eines Kindes, seine Projektionsfläche. Ihr Verhalten hat Vorbildcharakter. Kinder sehen, dass ihre Eltern einander küssen und sich streiten, anschweigen oder aus dem Weg gehen. Manchmal nehmen sie sich verstohlen in den Arm. Sie sehen im Idealfall, dass Mutter und Vater, wie heftig ihr Streit auch war und wie unversöhnlich die Lage schien, sich wieder versöhnen, ohne dass das Fundament beschädigt wurde. Das Wort Beziehungsarbeit erhält eine Bedeutung. Kinder intakter Familien verfolgen, wie zwei Menschen gemeinsam alt werden, das ganze Elend, das dazugehört, mit inbegriffen. Sie wissen nicht nur, was Rituale sind, sie begreifen instinktiv auch deren Wichtigkeit und schaffen in ihrem eigenen Leben neue.

Das können alle möglichen wiederkehrenden Dinge sein, das Vorlesen am Bett der Kinder, Ostereier suchen, aufs Land fahren.

Manche verreisen auch, in diesem Fall sind es Brüder: Sie fahren jedes Jahr an die Ostsee, immer im Winter, immer in denselben Ort, nach Ahrenshoop, eine Woche lang. Beide arbeiten, beide haben viel zu tun. Sie leben in verschiedenen Städten, der eine hat eine Familie, der andere keine. Diese eine Woche im Winter ist ihr fester Termin. Es fänden sich jedes Jahr Gründe, ihn abzusagen, zu verschieben, weil das Kind Fieber hat oder eine Dienstreise ansteht, beide könnten dann sagen: Im nächsten Jahr klappt es bestimmt. Aber das tun sie nicht.

Rituale geben Konstanz, das Gefühl von Beständigkeit, Verbundenheit und Sicherheit innerhalb einer Beziehung. Sie geben Halt im Fluss der Zeit. Sie ermöglichen es, zurückzukehren, an etwas Gemeinsames anzuknüpfen. So stabilisieren sie familiäre und soziale Netze. In Paolo Giordanos Buch *Die Einsamkeit der Primzahlen* band die Protagonistin Alice, als sie ein Kind war, ihrem Vater morgens die Krawatte, reichte sie ihm stolz, und er sagte »parfait«.

Unbewusst verstehen Nichtscheidungskinder, dass die Liebe der Eltern viel mit Arbeit und wenig mit Romantik zu tun hat und vermutlich genau deswegen funktioniert. Sie fragen sich zwar, wie der Vater die Launenhaftigkeit der Mutter erträgt und die Mutter die Sturheit des Vaters, ohne je eine Antwort auf diese Fragen zu erhalten. Das spielt aber auch gar keine Rolle. Sie sehen, dass es die Eltern miteinander aushalten, dass Liebe, dass eine Ehe überhaupt möglich ist.

1926 entstand Fritz Kahns plakatgroßes Schaubild *Der Mensch als Industriepalast*, sein berühmtestes Werk. Wir blicken in das Innere eines Menschen, das Kahn als komplexe Hochleistungsmaschine aus Pumpen, Schaltzentralen, Förderbändern, Motoren und Röhren illustriert hat. Anstelle des Magens greifen die Mechanismen einer Raffinerie, in den einzelnen, hauptsächlich im Gehirn angesiedelten Organisationsabteilungen sitzen winzige Menschen, sie drücken Knöpfe, betätigen Hebel, legen Schalter um.

Henning M. Lederer hat diese Illustration animiert. Den mit Maschinengeräuschen unterlegten Film kann man sich bei YouTube ansehen, man hört das gleichmäßige Rattern von Förderbändern, ein Zischen und Pfeifen, ein Rumoren überall.

Vielleicht ist es keine schlechte Idee, sich Kahns Darstellung genauer anzusehen und sie in Beziehung zur Familie zu setzen. Die Familie wäre dann in erster Linie eine Funktionseinheit mit geregelten Abläufen. Jedes Familienmitglied hätte eine bestimmte Bedeutung und damit eine klare Aufgabe zu erfüllen. Die Maschine wird zur gelungenen Konstruktion, die ihre Leistungsfähigkeit vollends ausschöpft, wenn alle Rädchen ineinandergreifen, was nicht ausschließt, dass sich die Funktionen mit der Zeit verändern, weil sich die Scharniere abnutzen und Gewichte neu verteilt werden müssen.

Die Maschine ist der Dynamik verpflichtet. Bricht ein Gelenk weg, greifen die Stützfunktionen und halten sie am Laufen, bis das fehlende Gelenk ersetzt wird. Ihre ursprüngliche Kraft hat die Maschine jedoch verloren.

Was stellt die Maschine her? Wofür ist die Familie da?

»Die Familie«, sagt der Soziologe Tilman Allert, »löst zwei zentrale gesellschaftliche Funktionen ein: die Konstitution personaler Autonomie und die Selbstreproduktion der Gesellschaft. Sie ist eine Institution des wechselseitigen Verzichts und der wechselseitigen Unterstellung ewiger Dauer.« Im Zentrum steht die Liebe. Die Liebe des Paares ist für Allert die Schlüsselkategorie. Sie ist der exemplarische Ort der Erfahrung der Nichtverfügbarkeit des Menschen. »In der Liebe erleben die Menschen das elementare, strukturell Belastende und zugleich Wunderbare: Der Andere ist nicht verfügbar. Wir erfahren Autonomie paradoxerweise durch die Anerkennung der Autonomie des anderen.« Das wiederholt und radikalisiert sich mit der Geburt eines Kindes. Elternschaft provoziert unsere Machbarkeitsvorstellungen. »Wir haben Angst vor der Nichtverfügbarkeit des Lebens.«

Familie bedeutet Nichtverfügbarkeit.

Gerade in den jetzigen Verfügbarkeitsverhältnissen wächst das Bedürfnis nach einer Kontinuitätsinsel, wo nichts zur Disposition steht. Vielleicht überkommen uns deshalb seit einiger Zeit wieder angenehme Gefühle, wenn der Begriff Heimat fällt, ohne dass es einem peinlich sein müsste. Das Enge, Verwinkelte, Düstere, das Biedere und die Vorstellung des Eingeschlossenseins hat er verloren. Man assoziiert mit ihm nicht mehr so sehr einen geographischen Ort, es geht um die innere Heimat.

Ihre Wiederentdeckung erlebte die Heimat nicht zufällig gemeinsam mit dem einst sehr populären, aber totgeglaubten Entfremdungsbegriff. Beide sind in einer globalisierten Welt untrennbar verbunden. Vom entfremdeten Individuum, das den Bezug zu sich und der Welt verloren hat, das versucht, an seine Umwelt anzudocken, aber ständig scheitert, sprechen heute nicht mehr nur Skeptiker der Spätmoderne. Als Rahel Jaeggi mit der Arbeit an ihrer Dissertation zur Entfremdungsproblematik begann, wurde sie vielleicht noch belächelt, als das Werk dann erschien und überall hoch gelobt wurde, lächelte niemand mehr. In ihrem Buch beleuchtet Rahel Jaeggi das Phänomen der »Entfremdung« neu und beschreibt es an vier Fällen. Einer dieser Fälle erzählt die Geschichte eines Mathematikers, der sein Leben radikal verändert. Anstatt weiterhin nachts umherzuziehen und sein Hungergefühl an irgendwelchen Tankstellen zu stillen, nimmt er eine feste Stelle an, heiratet, zieht mit seiner Frau, die ein Kind von ihm erwartet, aufs Land, wo die Mieten nicht horrend sind. Niemand hat ihn dazu gezwungen, er hat sich frei entschieden, scheinbar. Doch die geordneten Bahnen, in die er sein Dasein gelenkt hat, fühlen sich an, als seien sie nicht seine, als hätte er sich in sie verirrt und als hielten sie ihn nun mit aller Gewalt fest. Nach und nach kommt ihm das Gefühl für sich selbst abhanden.

Dem Entfremdeten hilft nicht der Rückzug ins einfache

Leben oder tätige Landlust. Um das einfache Leben in seiner Ursprünglichkeit geht es ja gar nicht. Er ist ein Verlorener, unfähig, Stolz auf seine Arbeit zu empfinden, sich hinzugeben in der Liebe, sich zugehörig zu fühlen zu etwas, zu jemandem, zu sich. Der Entfremdete hat den Eindruck, sagt Jaeggi, dass nicht er selbst es sei, der autonom sein Leben steuere.

Der entfremdete Mensch ist heimatlos. Die innere Heimat ist seine Sehnsuchtslandschaft. Im Augenblick der größten inneren Heimatlosigkeit wird die Heimat bedeutsam, was nichts mit Nostalgie zu tun hat, sondern mit einem zutiefst existentiellen Gefühl. Die Schwierigkeit besteht im Finden der Heimat, da man selbst, die Entwurzelung gewöhnt, gar nicht mehr weiß, wo man sie suchen soll.

Familie kann die innere Heimat sein. Das ist zumindest ihre Idealvorstellung. Sie ist der geschützte Ort, an dem wir von Eltern und Geschwistern umgeben ins Leben hineinwachsen und unsere Individualität entwickeln. Das Zwecksystem, in das wir Menschen ansonsten oft einbauen, reicht in der Familie über die egoistische Funktionalität hinaus. Der andere kritisiert einen nicht existentiell, man ist keinem Geschmacksurteil unterworfen. Niklas Luhmann spricht von der »Inklusion der Vollperson«.

Natürlich will man oft fortlaufen, weil alles eng ist, auf klaustrophobische Weise bedrückend. So ist das mit fast allen Dingen, die einen in unmittelbarer Nähe umgeben, mal liebt man sie, mal hasst man sie.

Im besten Fall ist die Familie eine verschworene Gemeinschaft. Sie gibt einem das Gefühl, in einem Kontext aufgehoben zu sein, in dem ein Antwortverhältnis besteht und die Bedürfnisse nicht verkümmern. Man erfährt sich in ihr als Teil eines Koordinatensystems aus Eltern und Großeltern, Geschwistern und Enkeln, Onkeln und Tanten, Neffen und Nichten. Als Erwachsene können wir uns in die Familie flüchten und Trost suchen oder Erinnerungen finden. Erzählt man einem Patchworkkind davon, denkt es vielleicht an französische Filme über Großfamilienfeiern, die es schon immer kitschig fand. Sonst denkt es an nichts.

Nehmen wir weiterhin den Idealfall und die Familie als System an, dann hat auch der altmodische Loyalitätsbegriff einen hohen Stellenwert. Man hinterfragt den anderen, aber man stellt ihn nicht in Frage. Loyalität ist in diesem Fall eine emotionale Verbundenheit ohne formalrechtlich relevante Gesichtspunkte.

Max Weber führte in die Diskussion um Loyalität die Zweckrationalität ein. Loyalität kann in der Überlegung bestehen, dass es für das Erreichen von Zielen zweckmäßig ist, loyal zu bleiben, um die Realisierung dieser allgemein als gut und sinnvoll für das Ganze angesehenen Ziele nicht zu gefährden – selbst wenn dadurch persönliche Einschränkungen nötig werden. Loyalität ist eine der machtvollsten Bindekräfte eines Systems. Sie trägt zur Stützung und Bewahrung bei und ist an spezifische Werte wie Treue und Verbindlichkeit gebunden. Diese Werte sind nicht einklagbar, aber für eine Gesellschaft sind sie unentbehrlich.

Scheidungskinder erleben das Gegenteil von Verbind-
lichkeit.

Sie erleben zum Beispiel zwei Menschen beim Abendessen. Die Mutter sagt, sie habe wenig Appetit. Der Vater
sagt, du hast wohl schon bei deinem Freund gegessen. Er
sagt es nur so vor sich hin, ein Murmeln. Dann steht er auf
und geht. Sie erleben Kälte, manchmal völliges Desinter-
esse zwischen zwei Menschen, Einsamkeit, Verbitterung
oder unterdrückte Konflikte, die mit einem Mal ausbrechen und zur Trennung führen. Sie erleben, dass unter
den Zumutungen des Ehelebens die Liebe abstirbt.

Ihren Eltern ist es nicht geglückt, sie gegen Angriffe
von außen und innen zu verteidigen. Was sich zwischen
sie geschoben, was an ihrer Zweisamkeit gezehrt hat, trug
letzten Endes den Sieg davon. Den Konflikt haben sie
nicht beigelegt, sie haben getrennte Wege eingeschlagen.
Jeder Mensch ist ersetzbar. »Den Kindern gilt als Wesen
der Scheidung, dass Vater und Mutter ihre Paarbeziehung
beenden. Sie werden Vater und Mutter zukünftig nicht
mehr in verbundener Elterlichkeit erleben. (…) beim Streiten mit dem einen werden sie sich des anderen als zuver-
lässigen Anker gerade nicht mehr gewiss sein können«,
schreibt Gerhard Amendt. Elterlichkeit könnten beide nur
verkörpern, solange ihre Partnerschaft auch durch gemeinsame Liebe zu ihren Kindern bestimmt war. Es hilft
nichts, Kindern die hereinbrechende Veränderung anzu-
preisen wie Verkäufer ein Schnäppchen. Was ihnen bleibt,
sind Mutter und Vater als »Einzelwesen«.

Diese Folie des Scheiterns verinnerlichen Scheidungskinder. Beim Gedanken an Familie schiebt sie sich automatisch vor ihre Augen. Sie wissen nicht, wie Familie funktioniert, wie sich Zusammengehörigkeit anfühlt, was eine Schicksalsgemeinschaft ist, sie haben es nie gelernt. Um die fatale Verknüpfung, dass Liebe und Familie ins Unglück führen, aufzulösen, müssen sie das Bild einer gelingenden Partnerschaft selbst entwerfen. Manche haben Glück und finden dieses Bild in unmittelbarer Nähe bei ihren Großeltern. Vielleicht war für sie im Gegensatz zu den Eltern beständige Liebe keine unüberwindbare Hürde, vielleicht vervollständigte der eine den anderen am Ende sogar. Ein Großvater, der kaum mehr laufen konnte, aber hervorragend sehen und immer ein Auge darauf warf, ob der Herd auch wirklich ausgeschaltet war, und eine Großmutter, bei der es sich genau umgekehrt verhielt, die alle Einkäufe erledigte und was sonst anstand.

Andere haben Pech. Ihnen hilft nur die eigene Vorstellungskraft.

Letzten Endes trägt freilich jeder für sein Leben die Verantwortung. Es wäre leicht, seine Neurosen, Schwächen und Bindungsstörungen den Eltern in die Schuhe zu schieben und resigniert zu sagen: Ich bin eben ein Scheidungskind. Und doch muss einem klar sein, dass Scheidungen einen erheblichen Einfluss auf das Selbstverständnis haben.

Um auf Wallersteins Studie zurückzukommen: Die Retraumatisierung erwachsener Scheidungskinder überraschte die Forscherin am meisten. Viele leiden im Erwachsenenalter heftiger als in der Kindheit. Zu einem Zeitpunkt, da die meisten Probanden überzeugt waren, ihren Schmerz überwunden zu haben, traf er sie wie ein Bumerang. Erneut wurde ihr Leben auf den Kopf gestellt. Die zweite Lebenskrise ereignete sich in der Regel im Alter zwischen dreißig und vierzig. Das sind bekanntermaßen die Jahre, in denen sich das Gefühl, alles könnte eigentlich so unverbindlich wie bisher weiterlaufen, sehr schwer aufrechterhalten lässt. Freunde und Bekannte heiraten, im Briefkasten liegen Einladungen zu Taufen und Einweihungspartys von Reihenhaushälften außerhalb der Stadt. Man wird Zeuge, wie fundamental sich das Leben der Menschen um einen herum verändert. Außenstehende, besonders Scheidungskinder, spüren natürlich nichts von der Panik, die vor einer Hochzeit in einigen Paaren hochsteigt, sie sehen nur, was sie sehen wollen, die scheinbare Leichtigkeit, mit der andere ihrem Leben eine neue Richtung verleihen, in die sie zukunftsfroh blicken. Dahinter vermuten sie eine innere Logik, die es in ihrem Leben nicht gibt und niemals geben wird. Darauf sind Scheidungskinder neidisch. Die vermeintliche Fraglosigkeit der Heile-Welt-Bilder weckt gleichzeitig Erinnerungen an ihre Kindheit und Jugend, als sie zu Geburtstagen von Freunden aus intakten Familien eingeladen waren und einen Nachmittag lang erlebten, was sie verloren haben.

Unausweichlich fällt der Blick auf ihr eigenes Leben: Heiraten? Kinder kriegen? Aufs Land ziehen? Allein bleiben? Sich festlegen? Wer ist der/die Richtige? An solchen Fragen verzweifeln Scheidungskinder. Es ist in etwa so, als müsste man ein kompliziertes Regalsystem ohne Bedienungsanleitung zusammenschrauben, ohne dass einem dabei irgendjemand hilft. Jedem ist das mulmige Gefühl, ob der Partner einen womöglich enttäuschen wird, bekannt. Scheidungskinder rechnen oft damit, dass der andere sie verletzen wird. Nicht zufällig tritt das, was sie am meisten befürchten, in vielen Fällen auch ein. Unbewusst greifen viele Scheidungskinder auf die Muster der Vergangenheit zurück und tappen exakt in jene Falle, vor der sie die größte Angst hatten. Sie reinszenieren ihre frühen Erfahrungen in der Gegenwart. Der »Wiederholungszwang« soll heilen, was sich nicht heilen lässt, die Kindheitsgeschichte ist bereits geschrieben.

Die Opfer der Vergangenheit sind die Täter der Zukunft.

Die einen heiraten einen Mann, der in seiner Art und seinem Charakter dem Vater verblüffend ähnelt, weshalb er sie auf ähnliche Weise enttäuscht, die anderen geben sich am selben Tag das Ja-Wort wie die geschiedenen Eltern, ohne es zu wissen. Solche Verhaltensweisen zeigen, wie erdrückend das Bedürfnis sein kann, das verwundete Kind in einem zum Schweigen zu bringen. Frühe Verlusterfahrungen vollständig zu überwinden gelingt selten, was nicht heißt, dass Scheidungskinder keine funktionierenden Beziehungen führen können, ihre Ausgangsbedingungen sind nur erheblich schlechter als die von Kindern Nichtgeschiedener. Ihr Weg zum Ziel führt oft über komplizierte Umwege.

Misstrauen sich selbst und anderen gegenüber ist ein Wesenszug vieler Scheidungskinder. Sie sind darauf trainiert, nach dem Haken zu suchen – und ihn zu finden.

Das Glas, das für andere halb voll ist, ist für sie halb leer. Glück ängstigt sie. Für Scheidungskinder gilt eine simple Regel: Wer den schlimmstmöglichen Fall in Betracht zieht, wird weniger erschüttert sein, wenn er tatsächlich eintritt.

Karen, eine von Wallersteins Probanden, verheiratet, Mutter, wartet, obwohl sich ihr Leben wunderbar anfühlt, immerzu auf den nächsten »Hammer«. »Wenn Sie mich fragen, ob ich noch immer Angst habe, dann antworte ich mit Ja. Obwohl ich mit einem Mann verheiratet bin, der mich wirklich liebt. Ich habe es inzwischen akzeptiert, dass meine Ängste sich nie legen werden. Es ist, als hätte man sie mir ins Hirn gedruckt.«

Die logische Konsequenz, die Scheidungskinder aus ihren Erfahrungen ziehen, ist, dass sie seltener heiraten und Kinder bekommen. Ihren Kindern würden sie eine ähnliche Kindheit wie die eigene auf keinen Fall zumuten wollen. Das lässt sich nicht garantieren und nur dann ausschließen, wenn sie kinderlos bleiben. Viele bezweifeln, dass sie überhaupt eine gute Mutter sein und ein Gespür für ihre Kinder entwickeln könnten.

Laut OECD war die Geburtenrate in Deutschland seit 1983 nicht mehr höher als 1,5 Kinder pro Frau. Im Moment liegt sie bei 1,36 und damit unter dem OECD-Durchschnitt von 1,74. Die demographische Lage ist, wie jeder weiß, dramatisch, das belegen die Zahlen: Die Einwohnerzahl Deutschlands wird bis 2050 um 12 Millionen fallen. Das sind so viele Menschen, wie in den zwölf größten Städten des Landes leben. Die Altersgruppe zwischen dreißig und fünfundvierzig wird um 25 Prozent zurückgehen. Noch 1980, das ist gerade eine Generation her, zählte in Deutschland die Altersgruppe der Fünfzehn- bis Vierundzwanzigjährigen 12,6 Millionen. Bis 2050 sinkt die Zahl der Jugendlichen auf unter 10 Millionen, während sich gleichzeitig die der über Achtzigjährigen verdreifacht. Vor dem Kollaps der Renten- und Sozialsysteme warnen nicht nur Apokalyptiker. Der demographische Wandel lässt sich nicht stoppen, er lässt sich auch nicht umkehren, man kann ihn mit buchhalterischer Genauigkeit prognostizieren. Daran wird auch die Zuwanderung nichts ändern. »Familiäre Strukturen werden vertikal, nicht mehr horizontal sein, mit ganz wenigen Cousins oder Cousinen, aber vier bis fünf Generationen, die gleichzeitig leben. Zwischen ihnen werden ganz neue Beziehungen bestehen, der Handel von Geld, Waren und kulturellen Inhalten innerhalb der Familie wird von ganz neuen Tabus bestimmt sein«, schreibt Frank Schirrmacher in *Das Methusalem-Komplott*. Die Aufgabe der Zukunft werde in vielen Familien – und bald auch in der Gesellschaft selbst – darin bestehen, die Grenzen von Verwandtschaft, Stiefverwandtschaft und Freundeskreis neu zu definieren.

Ein dreizehn Jahre altes Mädchen, hübsch, beliebt, die Eltern gehören der Mittelschicht an, die Familie wohnt in einem Haus mit Garten. Das Mädchen bekommt üppig Taschengeld und trägt Markenkleidung. Ihren Schulfreundinnen erzählt sie montagmorgens am liebsten vom Wochenende, das sie entweder mit ihren Eltern auf dem Tennisplatz verbracht hat oder bei einem Ausflug in die

Umgebung. Eines Tages klaut das Mädchen einer Freundin den iPod und wird ertappt. Es stellt sich heraus, dass das Mädchen in seelischer Not ist. Da sie am Wochenende in Wahrheit weder auf dem Tennisplatz noch bei Ausflügen ist, sondern die meiste Zeit für sich allein, hatte sie sich in eine Parallelwelt geflüchtet. Je intensiver sie von dieser Parallelwelt sprach, je bunter sie sie ausmalte, desto realer erschien sie ihr. Beide Eltern arbeiteten, was für sich gesehen noch kein großes Problem darstellt. Viele Eltern tun das. Die Eltern des Mädchens, das ein Einzelkind ist, sind allerdings auch in ihrer Freizeit hauptsächlich mit sich, ihrer Arbeit und ihren Hobbys beschäftigt. Die Mutter spielt Hockey, der Vater macht gerade seinen Flugschein. Um das Mädchen kümmern sie sich kaum. Es läuft im Leben der Eltern am Rande mit, ohne groß aufzufallen oder zu stören. Bei Streitereien mit Freundinnen streicht die Mutter ihrer Tochter flüchtig über den Kopf und sagt: »Das kriegst du wieder hin. Du bist stark.« In den Arm nehmen ihre Eltern sie schon lange nicht mehr, die höchste Form der Zuwendung ist ein Kuss auf die Stirn.

Emotionaler Missbrauch ist nicht greifbar. Für das Verweigern von Zuwendung und den Versuch, fehlende Liebe mit materieller Großzügigkeit wettzumachen, hat sich der Begriff Wohlstandsverwahrlosung etabliert. Darüber hat Peter Härtling ein Buch geschrieben, es heißt *Paul das Hauskind*. In einer Szene, man sitzt gerade beim Hoffest zusammen, ruft der Vater seinen Sohn zu sich:

›»Kannst du mal mitkommen, Paul?‹

›Warum?‹

›Ich muss was mit dir besprechen, Paul.‹

›Ich weiß schon, was.‹ (…)

›Ich hab dich mit Oma Käthe tuscheln gesehen.‹

(…) ›Wahrscheinlich verreist du wieder und sie soll auf mich aufpassen.‹

›Deine Mutter kann sich noch nicht von New York trennen.‹ (…)

›Sie hat dort in ihrem Job eine tolle Chance.‹

›Und du?‹

›Ja – und ich?‹ Papa schrumpft vor lauter Verlegenheit.

(…) ›Du bist eine Type, Paul‹, sagt er. ›Wenn du willst, kannst du zu Oma Käthe rüberziehen. Sie hat mir das vorgeschlagen.‹ (…)

›Er (Paul) könnte Theater machen, könnte um sich schlagen, das Hoffest durcheinanderbringen, Papa bloßstellen. Er und Mama machen, was ihnen gerade passt. Sie haben sich daran gewöhnt, dass Paul, wie sie von ihm sagen, ›pflegeleicht‹ ist. (…) ›Ich will aber nicht ständig allein sein‹, sagt er leise vor sich hin.

›Du bist es ja nicht, wir sind überall und immer erreichbar.‹«

Kinder wie Paul gibt es in Deutschland immer mehr. Sie sind, darin gleichen sie Scheidungskindern, das Produkt einer Gesellschaft, in der sich die Verbindlichkeiten bis zu einem Minimum aufgelöst haben. Sie leben in teuren Stadtvierteln, im Westend, in Bogenhausen, Blankenese, im Grunewald. Von außen betrachtet fehlt es diesen Kindern an nichts. Sie tragen Smartphones mit sich herum, besitzen Stereoanlagen, Hightech-Räder, Ed-Hardy-Shirts.

In den Ferien bringen die Eltern sie bei Verwandten und Freunden in Amerika oder sonst wo unter. Gerät das Verhalten der Kinder außer Kontrolle, werden sie nach Louisenlund oder auf andere teure Internate geschickt. Um einen Praktikumsplatz müssen sie sich nicht erst bewerben, denn Papa hat ihnen einen besorgt. Im eigenen Haus sind die Eltern flüchtige Gäste. Dort herrscht Sprachlosigkeit. Von ihren Kindern haben sie sich innerlich verabschiedet.

Wohlstandsverwahrloste Kinder wissen mit ihrer Zeit häufig wenig oder nichts anzufangen. Gelangweilt lassen sie sich treiben, bringen die Stunden mit Essen rum, spielen Computer. Andere hetzen von einem Termin zum nächsten, ihre Eltern wollen, dass sie Sport treiben und ein Instrument spielen. Die Kinder probieren es mit Fußball, Basketball, Gitarre, Klavier. Am Ende machen sie nichts mit Herzblut. Sie sind leidenschaftslos, einsam, innerlich haltlos. Viele trinken.

Bei dem Begriff Komasaufen denkt man unwillkürlich an Unterschichtenkinder, deren Eltern in zugemüllten Wohnungen leben und die Hartz IV über die Runden rettet. Das ist ein Irrtum. Die Berliner Drogenbeauftragte Christine Köhler-Azara sagte in einem Interview, dass gerade Jugendliche aus gutem Hause exzessiv trinken. »Es gibt eine Art von Wohlstandsverwahrlosung in den bessergestellten Bezirken. Dort hat die Zahl der mit Alkoholvergiftungen eingelieferten Jugendlichen stark zugenommen, sie ist sogar höher als in den sozial benachteiligten Bezirken.«

Mädchen trinken weniger, neigen dafür aber zur Magersucht. Das kritische Alter beginnt mit zwölf. Langsam macht sich die Pubertät bemerkbar, das Unwohlsein im eigenen Körper, der sich verändert. Kinder, die alles und nichts haben, nennt Ilka Biermann, Leiterin des Jugendamtes Steglitz-Zehlendorf, »Lückenkinder«. Man weiß wenig über sie, denn das Phänomen der Wohlstandsverwahrlosung ist bislang kaum erforscht. Was sich hinter den Fassaden wohlsituierter Familien ereignet, wird tabuisiert. Einem Hartz-IV-Empfänger ist es wohl egal, was sein Nachbar, der mit hoher Wahrscheinlichkeit auch von Hartz IV lebt, über ihn denkt. Einem Manager oder Anwalt ist es nicht egal. Für die Betroffenen dieser Schicht steht viel auf dem Spiel, weshalb sie ihr Ansehen schützen und versuchen, den Schein zu wahren.

In einer Mehrgenerationenfamilie, wo es oft nur noch ein Kind gibt, aber Groß- und Urgroßeltern, fokussiert sich die Erwartungshaltung, die Aufmerksamkeit und Zuwendung auf dieses eine Kind. Es wird emotional und materiell verwöhnt, verhätschelt *(overprotection)* und beschenkt, zu einem verzärtelten Charakter erzogen. Im ungünstigen Fall entwickelt es sich zu einem Narzissten. Auf Narzissten trifft man in unserer Gesellschaft immer häufiger, ichbezogene Menschen, die, von ihrer eigenen Genialität beseelt, verächtlich auf ihre Mitmenschen herabblicken, auf die sie zugleich angewiesen sind. Ohne den Beifall des Publikums und dessen Dauerbestätigung ist der Narzisst verloren.

Scheidungskinder sind für Selbstbezogenheit anfällig.

»Das Drama eines Menschen mit einer narzisstischen Störung beginnt mit dem Drama der Eltern«, schreibt Heinz-Peter Röhr. Das kann zu viel Zuwendung sein oder zu wenig, ein zu hoher Erwartungsdruck oder Vernachlässigung. Eltern missbrauchen ihre Kinder manchmal auch zur Befriedigung ihrer eigenen Bedürfnisse und lieben sie nicht um ihretwillen. Das Kind ist eine Duplikation, an ihm werden nicht erreichte Eigenziele abgearbeitet.

Die gesellschaftliche Entwicklung trägt ihren Teil zur Verbreitung narzisstischer Persönlichkeitsstörungen bei. »Der typische Narzisst, selbstbezogen und rücksichtslos, erfüllt vorzüglich die Bedingungen, die in der Wirtschaft gefragt sind, und hat alle Chancen, Karriere zu machen«, sagt Röhr. Er ist nicht kritikfähig und ein schlechter Verlierer. Das Internet bietet ihm die Bühne, auf der er sein selbstverliebtes Spiel spielen kann. Die Zeitschrift *Psychologie heute* führt in einem Artikel jene menschlichen Verhaltensmerkmale auf, die laut *American Psychiatric Association* eine narzisstische Persönlichkeitsstörung belegen:

1. Ein grandioses Gefühl der eigenen Wichtigkeit
2. Eine starke Beschäftigung mit Phantasien von Erfolg, Macht, Schönheit
3. Der Glaube, besonders zu sein und nur mit »ebenbürtigen Personen verkehren zu können«
4. Ein Verlangen nach übermäßiger Bewunderung
5. Eine Anspruchshaltung, etwa auf bevorzugte Behandlung

6. Eine ausbeuterische, manipulative Beziehungs-
gestaltung
7. Mangelndes Einfühlungsvermögen
8. Häufige Neidgefühle oder die Überzeugung, andere
seien neidisch
9. Ein arrogantes, überhebliches Auftreten

Für die Diagnose »narzisstische Persönlichkeitsstörung«
reicht es, mehr als die Hälfte der Merkmale über einen län-
geren Zeitraum zu erfüllen.

Die amerikanischen Wissenschaftler Jean M. Twenge
und Keith Campbell sprechen bereits heute von einem re-
gelrechten Narzissmusvirus. Es sieht nicht danach aus, als
ließe er sich rasch wieder eindämmen. In einer Langzeitstudie von 1976 bis 2006 legten sie Studenten immer
wieder Fragebogen vor, in denen sie sich zu folgenden
Aussagen äußern sollten: »Ich habe ein natürliches Talent,
Menschen zu beeinflussen.« »Ich kann in Menschen lesen
wie in einem offenen Buch.« »Ich würde gerne meine
Biografie schreiben.« »Würde ich die Welt regieren, wäre
sie besser.« »Ich bin eine ganz besondere Person.« Die Antworten gaben bis 2000 keinen Grund zur Sorge, plötzlich
aber nahm die Leidenschaft für das eigene Ich sprunghaft
zu und 30 Prozent mehr Studenten erkannten sich in
den Aussagen. »Der Narzissmus«, schreiben Twenge und
Campbell, »hat zugenommen wie die Fettsucht.«

Die Wahrscheinlichkeit, dass Freundschaft, Liebe oder
ein Familienleben mit einem Narzissten funktioniert, ist
schon deshalb minimal, weil der Narzisst die Gefühle des

anderen aufsaugt und seine im Gegenzug für sich behält. Ein Interesse für das Gegenüber existiert nicht. Alles dreht sich um das eigene Ich. Die pathologische Selbstliebe ist oft kein Ausdruck von Selbstzufriedenheit, sie dient vielen als Panzer, hinter dem sie ihre Unsicherheit und ihr Verlorenheitsgefühl verbergen.

In einem Vortrag erinnerte der kanadische Entwicklungspsychologe Gordon Neufeld daran, dass die wissenschaftliche Definition von Bindung ursprünglich aus der Biologie und Physik stammt. Sie ist der Drang, das Aufrechterhalten von Nähe zu gewährleisten. Physikalische Teilchen lassen sich dadurch charakterisieren, dass selbst die kleinsten einander umkreisen und Atome und Moleküle bilden. Die Himmelskörper stehen in einer Beziehung zueinander, Mond, Erde und Sonne bilden Solarsysteme. Und auch Magnetismus und Schwerkraft sind Bindungskräfte. Aus dieser Perspektive betrachtet ist Bindung das Hauptprinzip unseres Universums. Ohne sie würde seine komplette Struktur zerfallen. Der Mensch, sagte Aristoteles, ist ein *Zoon politikon*. Er braucht den sozialen Verband und die Sicherheit einer funktionierenden Gemeinschaft. Georges Perec fasste dieses Bedürfnis in seinem Buch *Träume von Räumen* in Worte: »Ich möchte, dass es dauerhafte, unbewegliche, unantastbare, unberührte und fast unberührbare, unwandelbare, verwurzelte Orte gibt; Orte, die Empfehlungen wären, Ausgangspunkte, Quellen: meine Heimat, die Wiege meiner Familie, das Haus, in dem ich geboren worden wäre, der Baum, den ich hätte wachsen sehen (...), der Speicher meiner Kindheit, gefüllt mit intakten Erinnerungen.« Perec weiß, dass dieser Raum keine Gewissheit ist, sondern ein Zweifel, weshalb er unaufhörlich abgesteckt und bezeichnet werden müsse. »Er gehört niemals mir, er wird mir nie gegeben, ich muss ihn erobern.«

Ohne Verbindlichkeiten verirren wir uns schnell, und es ergeht uns wie den Driftern und Zockern der Paul-Auster-Welt, die auf staubigen Landstraßen Amerika durchkreuzen oder einfach nur innerlich orientierungslos umherstolpern, ohne jemals zu einem Ziel zu gelangen. Sie sind Gefangene im Nirgendwo. Ihr Leben gliedert sich in aneinandergereihte Kapitel auf. Die Selbstverwirklichung endet in der Selbstbeschränkung des Ichs.

Wir sitzen in einem gesellschaftlichen Experiment fest, das wir auf den Weg gebracht und über das wir die Kontrolle verloren haben. Wie es ausgeht, ist völlig ungewiss. Was wir allerdings wissen, ist, dass das Experiment eine verhängnisvolle Richtung eingeschlagen hat, das lässt sich belegen. Die Zahl der Scheidungs- und emotional vernachlässigten Kinder wächst kontinuierlich, wir ziehen immer mehr Narzissten und Egoisten heran, die im selben Atemzug verwöhnt werden wie Prinzen und gedrillt, als seien sie Militäranwärter. Das Trauma der Trennung, früher Liebesentzug, Überforderung führen in die innere Emigration. Das Gehirn fährt die Gefühle automatisch runter, als handele es sich um den Lautstärkeregler einer Stereoanlage. Die emotionale Leere mündet in das Abstumpfen von Empfindungen und damit in ein Leben, das sich anfühlt, als sitze man hinter Glas und betrachte es als Zuschauer. Solche Entfremdungserfahrungen hemmen die Entwicklung, und sie fördern die Unreife. Kinder verlieren zunehmend ihre Empathie, sie fühlen keine Fürsorglichkeit mehr, keine Reue. »Sie sagen«, so Neufeld, »dann nicht mehr: ›Ich habe Angst‹, sie machen einige heutzutage geradezu typische Äußerungen wie: ›Macht mir doch nichts‹, ›ist mir doch egal‹ und ›geht mich doch nichts an‹.« Ohne tiefe Bindung können Eltern ein Kind aber nicht erziehen und auf die Welt mit ihren geschriebenen und ungeschriebenen Gesetzen vorbereiten. Schon aus Selbsterhaltungstrieb und Pragmatismus müssten die Generationen alles dafür tun, sich zu vernetzen, stattdessen treiben sie auseinander.

Wir sprechen nicht über ein paar Kindheitstraumata, die nur die Persönlichkeit Einzelner betreffen, wir sprechen über nicht weniger als den Zusammenhalt unserer Gesellschaft. Kinder, die in unverbindlichen Sozialkonstruktionen aufwachsen, die sich selbst überlassen werden, verlieren jedes Gefühl für Bindungen, für Freundschaft, Liebe und Solidarität. Sie sind Vagabundierende, an keinem Ort verankert, ohne feste Beziehungen, nicht einmal der zum eigenen Ich. Das macht sie zu tickenden Zeitbomben. »Was Kindern angetan wird, das werden sie der Gesellschaft antun«, sagte Karl A. Menninger.

Denn irgendwann werden die Kinder Erwachsene sein und das psychische Profil einer ganzen Generation prägen.

5. Epilog

Stellen wir uns für einen Augenblick vor, Holden Caulfield, Salingers *Fänger im Roggen*, dieser einsame, von der Verlogenheit der Erwachsenenwelt angewiderte Held, wäre ein Greis. Die Zeit, als er verloren wie ein Stück Treibholz durchs weihnachtliche New York streunte, miesen Typen begegnete und sich eine Prostituierte aufs Zimmer bestellte, die ihn ungemein deprimierte, weil er ja gar nicht auf der Suche nach Sex gewesen ist, sondern nach Wärme, wäre lange vorbei. Holden Caulfield, inzwischen Ende neunzig, würde auf einer Veranda sitzen und sich eingestehen, dass seine Jugend, verglichen mit der heutigen, doch nicht so grauenhaft, schmerzvoll und traurig gewesen ist, wie er sie damals empfand. Er würde nach einer Weile zu der Erkenntnis gelangen, dass die Mitte des 20. Jahrhunderts zwar kein Paradies gewesen ist, aber auch nicht die Hölle.

Wie würde sein Leben in einer solchen Welt aussehen?

Holden Caulfield wäre, wie beinahe jedes Kind, per Kaiserschnitt zur Welt gekommen, was den Ablauf beschleunigt, planbar ist und die Belastung durch eine Schwangerschaft auf das Nötigste reduziert. Für das Gesundheitssystem, das seine Grenzen erreicht hat, ist die Kaiserschnittmethode am kostengünstigsten. Die Broschüren mit dem Werbeslogan: »Save your love channel!«

(Rette deinen Liebeskanal) liegen in allen Frauenarztpraxen aus und werden den Patientinnen bei der Anmeldung mit einem auffordernden Lächeln gereicht. Caulfields Mutter hätte zugegriffen.

Die Caulfields, gutsituierte Bürger, sind geschieden. Holden lebt in einer großen Wohnung bei seiner Mutter, die aus beruflichen Gründen häufig von Stadt zu Stadt fliegen muss und deshalb selten zu Hause ist. Der Austausch zwischen ihr und ihm beschränkt sich aufs Chatten, Skypen und Mailen, zu besonderen Anlässen schicken sie sich eine Videobotschaft. Die Kommunikation der beiden ist in etwa so zugewandt, als würden sie mit dem Sprachcomputer einer Servicehotline verhandeln. Daran ist nichts ungewöhnlich, die digitale Welt hat einen Berührungspunkt nach dem anderen abgeschafft und den familiären Begegnungsraum erobert.

Seinen Vater sieht Holden nicht. Wie die Kinder und Jugendlichen in seinem Umfeld sitzt er innerlich auf gepackten Koffern. Die Familie ist kein Sozialisationsraum, sie gleicht von A bis Z einer Konsumgemeinschaft, in der zwar alle aus demselben Kühlschrank essen, sich aber niemand für irgendetwas verantwortlich fühlt, weil niemand irgendeine Verpflichtung eingeht. Zu seinen Stiefvätern hat Holden deshalb höchstens eine oberflächliche Beziehung. Eigentlich sind sie ihm egal.

Auch Kinder sind ihm egal. Die Kindheit ist pervertiert, sie hat ihr reines, unschuldiges Gesicht verloren. Sie länger zu verteidigen, wäre zwecklos. In den »verrückten Abgrund« am Ende des Roggenfeldes, in die verdorbene Erwachsenenwelt, vor der Salingers Caulfield die Kinder so gerne beschützen würde, sind sie längst gestürzt. In ihren Badezimmern steht neben dem Pickelstift eine Packung Psychopharmaka, die Apotheken rezeptfrei verkaufen und die die Kinder mit einer Ungezwungenheit schlucken, als seien es Vitamintabletten. Seit Depressionen nicht länger mit Diabetes und Bluthochdruck um den Spitzenplatz kämpfen müssen, seit sie tatsächlich unangefochten die Volkskrankheit Nummer 1 sind, wird kein Betroffener mehr stigmatisiert. Das Leiden, das Verzweifeln am Selbst trifft uns wie einen Schnupfen.

Holden Caulfields Privatschule würde nicht mehr damit werben, Jungen zu tüchtigen, klar denkenden jungen Männern zu formen, sondern den Eltern versprechen, aus ihren Kindern durchsetzungsfähige, gewinnorientierte, unabhängige, hart arbeitende Entscheidungsträger zu machen. Gehirngedopt und psychologisch betreut würde Caulfield die Anforderungen meistern und das von ihm verlangte Pensum erfüllen. Die Schule ist Lern-, Erziehungs-, Ausbildungs- und Heilanstalt in einem. Auch die hysterischen Warnungen vor den schädlichen Einflüssen der Medien sind verklungen. Kein Experte wagt es, sich öffentlich zum Gefahrenpotenzial von Killerspielen zu äußern, da das Abstellen eines Kindes vor dem Computer viel zu praktisch ist.

In Caulfields Familie, die aus ihm und seiner Mutter besteht, kommt keiner auf seine emotionalen Kosten. Sämtliche Funktionen, die eine Familie einmal erfüllen musste, wurden outgesourct. Nicht dass Caulfield darunter leiden würde, er kennt es nicht anders. Die Idee, in seinem Geschichtslehrer einen Vaterersatz zu suchen, käme ihm bescheuert vor.

Holden Caulfield ist Einzelkind, fast alle Kinder sind Einzelkinder. Tanten und Onkels existieren nicht, der Kontakt zu seinen Großeltern ist abgebrochen. Er ist weder Neffe, Pate, Enkel noch Bruder. Seine rührende Romanschwester Phoebe, »die gute Phoebe«, jenes Mädchen, auf das sich seine ganze Zärtlichkeit und Verantwortung richtet, weshalb er es nie übers Herz gebracht hätte, fortzugehen, sie zurückzulassen, wäre nicht bei ihm. Caulfields einzige soziale Rolle ist die des Sohnes – zumindest auf dem Papier.

Sämtliche Freundschaften haben sich in die Virtualität des Internets verlagert. Erst führte das Mobiltelefon dazu, dass keine Verabredung mehr verbindlich ist, dann machten die sozialen Netzwerke dem Verabredungsstress ein Ende. So wäre auch Sally Hayes keine von Caulfields Freundinnen aus Fleisch und Blut, sondern eine Internetbekanntschaft. Holden und sie würden sich elektronische Liebesbriefe schreiben, anstatt gemeinsam eine Matinee zu besuchen. Er wüsste nicht, dass sie phantastisch aussieht, aber schrecklich dumm ist, ihre Liebe spielt sich ausschließlich im Netz ab. Es ist der Ort ihrer Romanze. Hinter E-Mail-Adressen versteckt, breiten sie ihr Seelenleben voreinander aus, ohne etwas preiszugeben. Von Anfang an wäre klar, dass sie sich im wirklichen Leben nicht treffen werden. Jede Begegnung zerstört die Illusion. Die Realität ist nie so aufregend wie die Phantasie. Bei der Liebe geht es nicht mehr um den anderen, nur noch um die Vorstellung, die man sich von ihm macht.

Diese Liebe ist ungefährlich.

Holden Caulfield ist ganz und gar wurzellos, es gibt nichts, was ihn hält. Er würde einfach eine Tasche nehmen und seine Sachen hineinstopfen, Jeans, Pullis, Shirts, Wäsche, er besitzt keine teuren Gegenstände, keine Dinge, an denen er hängt, weil er mit ihnen eine Geschichte verbindet. Er ist ein leidenschaftsloser Mensch. Auf der Suche nach der Sphäre, in der er sich ungehindert selbst verwirklichen kann, zieht er, anders als im Roman, Richtung Westen los. Die Vergangenheit schüttelt er ab, als hätte er kein Gedächtnis.

Der Raum scheint entweder gezähmter oder harmloser zu sein als die Zeit, schreibt Georges Perec. Man begegne überall Leuten, die Uhren haben, und sehr selten Leuten mit Kompassen. Man müsse immer die Zeit wissen, doch man fragt sich nie, wo man ist. Man glaubt es zu wissen: Man ist zu Hause, man ist in seinem Büro, man ist in der Metro, man ist auf der Straße.

Tatsächlich weiß niemand mehr, wo er ist. Holden Caulfield könnte seinen aktuellen geographischen Standort zwar problemlos bestimmen, wäre aber unfähig, neben sich zu treten und sein Leben von außen zu betrachten. Erschrocken wäre er darüber nicht, er ist schließlich kein »Hänschen Klein«. Jeder kennt den Text des berühmtesten deutschen Kinderlieds, in dem es am Ende heißt: Da besinnt / sich das Kind, / kehrt nach Haus' geschwind.

Worauf sollte sich Caulfield besinnen? Wohin zurück-kehren? Und weshalb?

Die Bevölkerung der Welt mit Miet-, Job- und Le-bensnomaden hat die Utopie gesellschaftlicher Verbind-lichkeit endgültig zunichtegemacht. Früher wanderten Stämme und Sippschaften durch die Steppe, um Tieren zu folgen oder neue, fruchtbare Landschaften für ihre Vieh-herden zu finden. Der moderne Nomade zieht alleine los.

Auf seiner Reise trifft Holden Caulfield auf Frauen, die er begehrt. Hin- und hergerissen zwischen Verlangen nach Nähe und Panik davor, erliegt er irgendwann der Versuchung und lässt sich auf ein Abenteuer ein. Die Frau, der er körperlich nahe kommt, stammt wie er aus einer zerrütteten Familie. Wie er hat sie Angst, in sich hineinzu-hören, bei anderen ist es ihr unmöglich. Das Aufeinan-dertreffen seelisch Traumatisierter verringert die Last der Vergangenheit nicht. Auch zwischen zwei Alkoholikern, die eine Liebesbeziehung führen, findet keine Heilung statt.

Es wird immer unwahrscheinlicher, dass sich zwei Men-schen aus intakten Familien ineinander verlieben, weil es immer weniger intakte Familien gibt. Letzten Endes infi-zieren die Bindungsneurotiker die Übriggebliebenen mit dem Virus der Einsamkeit. Wie die Depression, ist die Ein-samkeit eine Ansteckungserkrankung.

Holden und die Frau trennen sich bald. Man hat sich nichts zu geben.

Und man hat sich auch nichts mehr zu sagen. Zwischen den Generationen herrscht Schweigen, kein eisiges, hasserfülltes, ein gleichgültiges Schweigen. Weil das Interesse füreinander fehlt, fehlt auch das Verantwortungsgefühl. Eltern und Kindern sind einander so fremd, dass ein Terminkalenderverhältnis schon der Glücksfall ist. Holden Caulfield wäre eines dieser entfremdeten Kinder. Und wie diese Kinder sieht er seine moralische Verpflichtung den Eltern gegenüber darin, einen günstigen Heimplatz aufzutreiben. Günstig müsste er tatsächlich sein, denn obwohl die Eltern bis dreiundsiebzig gearbeitet hatten, wurde ihre Rente zusammengestrichen. Ein Heimplatz lässt sich mit geringem Aufwand übers Internet buchen. Die Abstellanlage, in die Holden seine Eltern verfrachtet, hat winzige Zimmer, in denen zu viele alte Menschen zu dicht nebeneinanderliegen. Er wird diesen Raum, in dem seine Eltern ihrem Lebensabend entgegendämmern, nicht betreten. Es interessiert ihn nicht, wer ihre Windeln wechselt, sie wäscht, für sie kocht, wie es ihnen geht. Möglicherweise schickt er in einem sentimentalen Augenblick eine Postkarte oder gratuliert telefonisch zum Geburtstag.

Über Euthanasie diskutieren Politik und Gesellschaft völlig unaufgeregt, weil nur noch die Frage der besten, also billigsten Methode zu klären ist. Wer sterben möchte, muss nicht länger in ein fremdes Land reisen, wo ihm jemand in einem schäbigen Hinterhaus eine Tablette in die Hand drückt. Die Tablette liegt auf dem Nachttisch. Die Alten belasten das Sozialwesen, sie sind zu viele, und sie sind unbezahlbar geworden.

Holden Caulfield hätte kein schlechtes Gewissen. Er handelt, wie er erzogen worden ist.

»Erzählt nie einem was. Denn sonst vermisst ihr alle mit der Zeit«, hat er uns geraten.

Wir haben seinen Rat befolgt.

Dank

Dass dieses Buch entstanden ist, verdanke ich dem Vertrauen vieler Menschen, die nie müde wurden, mich zu unterstützen. Ganz besonders danke ich Rebekka Göpfert, die das Projekt auf den Weg brachte und begleitete. Ich danke Tilmann Lahme für anregende Gespräche und kritisches Lesen. Matthias Weichelt stellte die entscheidenden Fragen. Frank Schirrmacher gab wichtige Anstöße, Burkhardt Krause half mehr, als er ahnt. Tobias Banaschewski führte mir die Dimension unserer Psyche vor Augen. Ich danke Tilman Allert für seine Klarheit in Familiendingen und Jürgen Kochendörfer für seine Gesprächsbereitschaft. Ich danke meinem Lektor Tobias Heyl, der sich nicht aus der Ruhe bringen ließ, ebenso danke ich Gaby Bock, Astrid Böning, Christa Matthäi und Antje Pohlmann für unermüdliches Suchen und Finden sowie den Kollegen Joachim Müller-Jung, Andreas Kilb, Lorenz Jäger und der Familie Stadelmaier. Malte Welding ließ sich auf jede Überlegung ein.

Mein Dank gilt vor allem Ralf Hildebrandt. Er gilt auch Dirk Vaihinger und der Familie Beneking, die mich auf Schloss Katelbogen beherbergte, wo dieses Buch seinen Anfang nahm.

Quellennachweis

S. 44 »In Anbetracht unserer finanziellen Fähigkeiten (…)«, *Süddeutsche Zeitung*, 03.01.2011

S. 70 »Mit großer Mühe schuf man sich ein Leben (…)«, *Die Zeit*, 16.12.2010

S. 88 »Kinder sind ein ›Projekt‹, nicht mehr eine selbstverständliche Tatsache (…)«, *Süddeutsche Zeitung*, 12.02.2011

S. 90 »Eine Frau, die Kinder hat, wird weniger grandios Karriere machen (…)«, *NZZ Folio*, Februar 2011

S. 91 »Ratgeber werden von Eltern gelesen, die in einer symbiotischen Beziehung leben (…)«, *Rheinischer Merkur*, 20.05.2010

S. 107 »Im Interesse der Kinder (…)«, *Die Zeit*, 10.02.2011

S. 108 »Und wenn das so ist, ist die große Karriere einfach nicht möglich«, *Frankfurter Allgemeine Zeitung*, 11.03.2011

S. 128 »In der ersten ödipalen Lebensphase (…)«, *Geo Wissen*, Nr. 46, 2011

S. 154 »Die Lückenkinder«, *Das Parlament*, 14.07.2008

»Endlich ein Buch, das vom Machbaren handelt.«

Hildegard Hamm-Brücher

Wir brauchen ein Bildungssystem, das Kinder nicht frühzeitig sortiert, sondern möglichst lange optimal fördert. In Finnland hat man das dreigliedrige Schulsystem bereits in den 70er Jahren abgeschafft. Statt Rankings durchzuführen, wird die Schule dort regelmäßig den Bedürfnissen der Schülerschaft angepasst. Rainer Domisch, der jahrelang den Reformprozess in Finnland mitgestaltet hat, berichtet aus der Praxis, wo längst funktioniert, was uns in Deutschland noch als Utopie erscheint. Ein Buch, das Lehrern, Eltern, Politik und Verwaltung Argumente für eine fruchtbare Bildungsdebatte liefert.

240 Seiten. Klappenbroschur

www.hanser-literaturverlage.de

HANSER

Aktuelle Themen im <u>dtv</u>

Alexander Bahar
Folter im 21. Jahrhundert
Auf dem Weg in ein neues
Mittelalter?
ISBN 978-3-423-24713-9

Patrick Bahners
Die Panikmacher
Die deutsche Angst vor dem
Islam · Eine Streitschrift
ISBN 978-3-423-34721-1

Markus Beckedahl
Falk Lüke
Die digitale Gesellschaft
Netzpolitik, Bürgerrechte
und die Machtfrage
ISBN 978-3-423-24925-6

Christoph Birnbaum
Die Pensionslüge
Warum der Staat seine Zusagen
für Beamte nicht einhalten
kann, und warum uns das alle
angeht
ISBN 978-3-423-24926-3

Julia Berger
Gefeuert
Mein Leben nach der
Kündigung
ISBN 978-3-423-24832-7

Jochen Bittner
So nicht, Europa!
Die drei großen Fehler
der EU
ISBN 978-3-423-24909-6

Heinz Bude
Die Ausgeschlossenen
Das Ende vom Traum einer
gerechten Gesellschaft
ISBN 978-3-423-34599-6

Paul Collier
Die unterste Milliarde
Warum die ärmsten Länder
scheitern und was man
dagegen tun kann
Übers. v. R. Seuß und
M. Richter
ISBN 978-3-423-34629-0

Joseph Croitoru
Hamas
Auf dem Weg zum palästinen-
sischen Gottesstaat
Aktualisierte Ausgabe
ISBN 978-3-423-34600-9

Yvonne Feller, Florian Flechsig
**Wir sind jung und brauchen
das Geld**
Ein Selbstversuch
ISBN 978-3-423-24834-1

Markus Frenzel
Leichen im Keller
Wie Deutschland internationa-
le Kriegsverbrecher unterstützt
ISBN 978-3-423-24876-1

Timothy Garton Ash
Jahrhundertwende
Weltpolitische Betrachtungen
Übers. v. S. Hornfeck
ISBN 978-3-423-34720-4

Bitte besuchen Sie uns im Internet: www.dtv.de

Aktuelle Themen im dtv

Ursula Ott
Total besteuert
Wie ich einmal ganz alleine den
Staatshaushalt retten sollte
ISBN 978-3-423-34597-2

Robert Pragst
Auf Bewährung
Mein Jahr als Staatsanwalt
ISBN 978-3-423-24903-4

Jan H. Robertson
Macht
Wie Erfolge uns verändern
Übers. v. D. Mallett
ISBN 978-3-423-28012-9

Roberto Saviano
Gomorrha
Reise in das Reich der Camorra
Übers. v. F. Hausmann und
R. Seuß
ISBN 978-3-423-34529-3

Georg Schweisfurth
Bewusst anders
Erfahrungen eines
Öko-Pioniers
ISBN 978-3-423-24951-5

Volker Seitz
**Afrika wird armregiert oder
Wie man Afrika wirklich
helfen kann**
Mit einem Vorwort von
Rupert Neudeck
Aktualisierte Ausgabe 2012
ISBN 978-3-423-24938-6

Eva C. Schweitzer
Tea Party: Die weiße Wut
Was Amerikas Neue Rechte
so gefährlich macht
ISBN 978-3-423-24904-1

Peer Steinbrück
Unterm Strich
Aktualisierte und erweiterte
Taschenbuchausgabe
ISBN 978-3-423-34689-4

Daniel Friedrich Sturm
Wohin geht die SPD?
ISBN 978-3-423-24709-2

Peer Steinbrück
Biografie
ISBN 978-3-423-24924-9

Richard Thiess
Mordkommission
Wenn das Grauen zum
Alltag wird
ISBN 978-3-423-24796-2

Halt, stehenbleiben! Polizei!
Aus dem Leben eines
Ermittlers
Über 40 authentische Fälle
ISBN 978-3-423-34676-4

Ilija Trojanow, Juli Zeh
Angriff auf die Freiheit
Sicherheitswahn, Überwa-
chungsstaat und der Abbau
bürgerlicher Rechte
ISBN 978-3-423-34602-3

Bitte besuchen Sie uns im Internet: www.dtv.de

Liebe – Ehe – Partnerschaft

Peter Angst
Ehen zerbrechen leise
Ein Frühwarnsystem für
Paare
ISBN 978-3-423-34028-1

Erich Fromm
Die Kunst des Liebens
ISBN 978-3-423-36102-6

Arno Gruen
Der Verrat am Selbst
Die Angst vor Autonomie
bei Mann und Frau
ISBN 978-3-423-35000-6

Sven Hillenkamp
Das Ende der Liebe
Gefühle im Zeitalter unend-
licher Freiheit
ISBN 978-3-423-34693-1

Marie-France Hirigoyen
Warum tust du mir das an?
Gewalt in Partnerschaften
ISBN 978-3-423-34492-0

Patty Howell, Ralph Jones
**Der kleine Beziehungs-
therapeut**
Zu zweit lieben lernen
Übers. v. C. Broermann
ISBN 978-3-423-34397-8

Jan Macdonald
Männer nach der Trennung
Übers. v. B. Lemke
ISBN 978-3-423-34500-2

Mathias Jung
Trennung als Aufbruch
Bleiben oder gehen?
Ein Ratgeber aus der Praxis
ISBN 978-3-423-34335-0

Klaus Koch
Bärbel Schwertfeger
Zu zweit am Ende
Phasen der Trennung
ISBN 978-3-423-36084-5

Hans-Joachim Maaz
Die Liebesfalle
Spielregeln für eine neue
Beziehungskultur
ISBN 978-3-423-34621-4

Die neue Lustschule
Sexualität und Beziehungs-
kultur
ISBN 978-3-423-34709-9

Peter Schellenbaum
Die Wunde der Ungeliebten
Blockierung und Verleben-
digung der Liebe
ISBN 978-3-423-35015-0

Das Nein in der Liebe
Abgrenzung und Hingabe in
der erotischen Beziehung
ISBN 978-3-423-35023-5

Anne Wilson Schaef
Die Flucht vor der Nähe
Warum Liebe, die süchtig
macht, keine Liebe ist
Übers. v. B. Jakobeit
ISBN 978-3-423-35054-9

Bitte besuchen Sie uns im Internet: www.dtv.de

Lust auf Philosophie

dtv-Atlas Philosophie
Von P. Kunzmann, F.-P.
Burkard und F. Wiedmann
ISBN 978-3-423-03229-2
Jubiläumsausgabe Hardcover
ISBN 978-3-423-08600-4

Philipp Blom
Böse Philosophen
Ein Salon in Paris
und das vergessene Erbe
der Aufklärung
ISBN 978-3-423-34755-6

Nicholas Fearn
Bin ich oder bin ich nicht?
Neue philosophische
Antworten auf ewige Fragen
Übers. v. S. Held
ISBN 978-3-423-24771-9

**Klassiker des philosophischen
Denkens**
Hg. v. Norbert Hoerster
Band 1: Platon, Aristoteles,
Thomas von Aquin,
Descartes, Spinoza, Locke,
Leibniz, Berkeley
ISBN 978-3-423-30801-4

Luc Ferry
Leben lernen
**Eine philosophische
Gebrauchsanweisung**
Übers. v. L. Künzli
ISBN 978-3-423-34537-8

John Gray
**Von Menschen und
anderen Tieren**
Abschied vom Humanismus
Übers. v. A. Kleinschmied
ISBN 978-3-423-34726-6

Mit Kant am Strand
Ein Lesebuch für
Nachdenkliche
Hg. v. Brigitte Hellmann
ISBN 978-3-423-34200-1

**Mit Nietzsche auf der
Gartenbank**
Ein Lesebuch für
Nachdenkliche
Hg. v. Brigitte Hellmann
ISBN 978-3-423-34680-1

Der kleine Taschenphilosoph
Ein Lesebuch für
Nachdenkliche
Hg. v. Brigitte Hellmann
ISBN 978-3-423-34099-1

**Das kleine Buch der
Stoßseufzer**
Tröstliches für Entnervte
Hg. v. Brigitte Hellmann
ISBN 978-3-423-34727-3

**Klassische Texte der
Staatsphilosophie**
Hg. v. Norbert Hoerster
ISBN 978-3-423-30147-3

Bitte besuchen Sie uns im Internet: www.dtv.de